그들이 쏜 화살을 내 심장에 꽂은 건 누구일까?

상처받지 않는 마음의 힘을 키워주는 생각습관

그들이 쏜 화살을 내 심장에 꽂은 건 누구일까?

상진아 지음

시그니처
SIGNATURE

자존감을 지켜주는 단단한 방패 만들기

때로 인생은 화살이 빗발치는 전장과 같다. 어떤 화살은 나를 스쳐지나가기도 하고, 또 어떤 화살은 내 심장을 관통할 듯 무서운 기세로 돌진해온다. 그리고 가끔은 정말 그 화살이 내 가슴에 아프게 꽂히기도 한다. 미처 피하지 못해 누군가가 쏜 화살이 내 가슴 한켠에 와 꽂힐 때 우리는 상처를 입고, 심한 통증을 느낀다.

그러나 대부분의 화살은 나에게 아무런 상처를 입히지 못하고 무의미한 곳에 떨어진다. 처음부터 아예 빗나가기도 하고, 발치에서 저만큼 떨어진 곳에 힘없이 툭 떨어져버리는 일도 허다하다. 어쩌면 화살의 과녁은 처음부터 내가 아닐 수도 있다. 상대는 허공을 향해 그저 습관처럼 화살을 쏘고 있었던 것인지도 모른다.

그런데 한번 생각해보자. 이미 빗나가 나와는 아무런 상관도 없는 곳에 떨어진 그 화살을 다시 들어 내 심장에 아프게 꽂은 건 도대체 누구일까?

나 자신을 보호해줄 수 있는 사람은

"사람들과의 관계가 너무 힘들어요. 관계를 맺을수록 저 혼자 상처받게 돼요."

"치이고 치여서 너무 아픈데 겉으로만 밝은 척하는 게 너무 힘들어요."

"앞에서만 괜찮은 척 웃고나면 입이 써요. 가식적인 나 자신도 싫고 그냥 아무도 안 만나고 싶어요."

내가 상담실에서 만난 클라이언트들은 모두 마음의 상처를 안고 찾아왔다. 마치 가슴 한켠에 커다란 구멍이라도 뚫린 듯, 그 구멍에서 피가 철철 흐르는 것처럼 자신들의 아픈 상처를 내보였다. 이미 오래 전 경험이라 상처가 있었던 자리에 딱지가 앉았을 법한 이야기인데도, 마치 그때 그 상처가 그대로인 것처럼 생생하게 고통을 호소했다.

우리 인간은 분명 사회적 동물이지만 사회의 한 구성원으로 살아간다는 것은 녹록치 않은 일이다. 우리는 매일 많은 사람들을 만나고, 좋든 싫든 인간관계를 맺어야 하며, 어제까지 생면부지였던 사람들과도 오늘은 마주하며 살아가야 한다. 그리고 그런 삶 속에서 타인이 무심코 던진 말 한마디, 그들이 보인 작은 행동 하나, 하다 못해 눈빛 하나조차 나를 아프게 찌르는 날카로운 화살이 될 때가 있다. 때로는 매일 얼굴 맞대며 일하는 직장동료들, 또 누구보다 나를 잘 알고 지지해주어야 할 가족들이나 친구들이 더 날카로운 화살을 쏘아대기도 한다.

어느 30대 직장인은 상사 때문에 불면증에 걸릴 지경이라고 하소연했다.

"요새 마음이 편한가봐. 얼굴 좋아졌네." "남자 친구가 능력이 없나? 뭐 그렇게 악착 같이 일해?" "커피숍에 갖다 바치는 돈만 모아도 집을 사겠네."

아무 생각 없이 던지는 말에 화가 났지만 부하 직원의 입장에서 어색한 미소만 지을 뿐 어떻게 대처해야 하는지 알지 못했다. 그는 매번 아무 말도 하지 못한 채 억지웃음을 짓고 있었던 자신에게 화가 나 견딜 수가 없었다. 그리고 "그때 왜 난 제대로 받아치지 못했을까" "이런 바보 같으니" 하며 그때의 상황을 머릿속으로 수십 번, 수백 번 반복해서 곱씹으며 자책했다. 상처를 준 상대보다는 그 상대에게 제대로 대응 못한 자신을 더 원망하곤 했다.

하루 동안 수없이 오고 가는 말 중에는 귀담아 듣고 성장할 수 있는 자양분으로 삼아야 할 말이 있는가 하면, 한 귀로 듣고 한 귀로 흘려들어야 하는 해가 될 뿐인 말들도 있다.

그런데도 우리는 남들이 생각 없이 대수롭지 않게 내뱉은 말 한마디나 무심코 한 행동, 굳이 귀담아 새겨들을 이유가 전혀 없는 말을 듣고 상처를 받는다. 이는 어쩌다 우연히 내 발 앞에 떨어진 화살을 마치 본래부터 내가 맞아야 하는 것인 양 내 손으로 집어드는 것이나 마찬가지이다. 굳이 그 앞으로 달려나가 온 몸으로 맞으며 스스로에게 상처를 주는 것과 다름 없다.

우리는 '다른 사람들이 나에게 상처를 준다'고 생각한다. 하지만 때로는 내가 받지 말았어야 할, 받지 않았어도 될, 어쩌다 우연히 내 앞에 떨어진 화살에 의미부여를 하며 스스로 내 가슴에 꽂아버리는 실수를 한다. 상처를 준 사람은 상대방이 아니라 나 스스로가 되는 셈이다.

만약 내가 사람들과의 관계에서 매번 반복해서 상처를 받고 있다고 생각된다면 스스로 물어야 한다.

'나는 매일 어떤 생각을 하며 살아가고 있는가'. '나는 나에게 어떤 말을 하는 사람인가'.

빗발치는 화살 속에서 나 자신을 보호해줄 수 있는 사람은 오직 나뿐이다. 그런데 화살이 날아올 때 나는 나 스스로에게 어떤 말을 하고 있는가?

'괜찮아. 이건 네 잘못이 아니야' '넌 아주 잘 하고 있어'와 같이 나를 보호하는 말을 하고 있는가. 아니면 '너 때문이야' '이젠 완전히 망했어'라는 자책의 말로 스스로 더 큰 상처를 만들고 있는가.

이제부터 "나는 나에게 더 이상 상처받지 않겠다"고 선언하자.

다른 사람들이 아무리 나를 향해 뾰족한 상처의 말을 쏟아내더라도 내가 나를 지키고 보호하며 살겠다는 다짐을 해야 한다. 그리고 나에게 하는 그 다짐과 선언은 언제나 친절하고 다정해야 한다. 상처가 아문 자리에 흉터가 생기듯이, 상처받아 아팠던 마음에도 이제 새살이 돋아나 아물 수 있도록 나 자신을 보호해야 한다.

어느 누구도 상처받지 않고 인생을 살아갈 수는 없다. 화살이 빗발치는 전장에서 날아드는 모든 화살을 다 피하고 살 수도 없다. 하지만 맞지 않아도 될 화살을 굳이 자진해서 맞거나, 땅에 떨어진 화살을 집어들어 스스로 내 가슴에 꽂지는 말자.

이 책을 통해 화살이 난무하는 이 세상에서 스스로 보호하며 당당하게 자존감을 지키고 살아갈 수 있는 단단한 방패를 만들기를 바란다.

2017년 봄을 기다리며.

상진아

CONTENTS

'나는 나에게 어떤 사람인가?'

나는 나에게 어떤 사람일까? 다음 10가지 문항을 읽고,
그 상황에서 나라면 어떻게 할지 체크해보자. 자신이 선택한 번호를 합산해
점수를 매기면, 나는 나 자신에게 어떤 대화를 하는지 알 수 있다.

---

1 과거의 실수나 잊고 싶은 일이 떠오를 때 나는…

1 '내가 그때 도대체 왜 그랬지? ~했더라면…' 이라는
  가정을 계속하며 자책한다.
2 어쩔 수 없었다고 위안을 해보지만 우울해 한다.
3 이미 지난 일이라 돌이킬 수 없다는 것을 깨닫고
  청소를 하거나 음악을 듣는 등 마음을 달랜다.

---

2 친구와 휴가를 떠난 여행지에서 나는…

1 만에 하나 일어날지도 모르는 안 좋은 사고를 상상하며 걱정한다.
2 여행 후 해야 할 일들을 생각하며 시간이 가는 것을 초조해 한다.
3 여행지에서 즐길 수 있는 것들을 최대한 찾아 다니며
  현재의 즐거움을 만끽한다.

1 다음에 해야지 하며 최대한 미룬다.
2 큰 마음 먹고 하루 날을 잡아서 시간이 많이 걸리더라도 끝을 본다.
3 시간이 될 때마다 조금씩 자주 치워서 평소에
   깨끗한 상태를 유지하려 노력한다.

1 예감이 좋지 않아 약속을 다른 날로 미룬다.
2 약속 장소에 나가지만 하루 종일 찜찜해 하거나 신경을 쓴다.
3 그다지 개의치 않는다.

1 '내가 뭘 잘못해서 저 사람이 나에게 화가 났나?' 하며 걱정한다.
2 '그냥 지나가다니 참 예의가 없네' 라고 생각하며 기분 나빠한다.
3 '나를 못 봤나? 오늘 바쁜 일이 있나보네' 라고 생각한다.

1 이게 멋있긴 뭐가 멋있어요. 싸구려인데요.
2 아 예, 뭐 그냥 지나가다가 눈에 띄어서 샀어요.
3 네, 감사합니다.

1 '이 사람이 날 만만하게 보나? 왜 차를 이 따위로 몰아?' 하며
  헤드라이트나 클랙슨으로 의사 표현을 한다.
2 '뭐 저런 사람이 다 있어' 하고 불쾌해하며 혼자 화를 낸다.
3 '무슨 급한 일이 있나보네' 하며 먼저 가라고 양보해준다.

1 긴장해서 실수라도 하면 어떡하지? 사람들 앞에서 망신당할 텐데.
2 긴장하지 말자. 난 반드시 잘 할 수 있어.
3 떨리고 긴장되는 건 당연하잖아. 조금 실수해도 괜찮아. 최선을 다하자.

1 '도대체 왜 이렇게 안 나오는 거야. 우릴 무시하는 거 아냐?' 하며 화가 난다.
2 '음식이 왜 이렇게 안 나오지? 혹시 주문이 안 들어간 게 아닐까?' 생각한다.
3 '내 음식은 조리하는 데 시간이 오래 걸리나 보네. 곧 나오겠지' 하며
  좀 더 기다려본다.

1 '혹시 무슨 사고라도 난 게 아닐까?' 하며 불안해 한다.
2 '약속시간을 지켜야지 왜 사람을 기다리게 한담' 하며 언짢아 한다.
3 '좀 늦는 걸 보니 길이 막히나보네' 하며 그럴만한 이유가 있어
  늦을 거라고 생각하고 기다려본다.

3가지 문항 중 본인이 선택한 각 번호를 더해 점수를 낸다.

▶10~15점: 부정적 자기대화를 주로 하고 있는 당신. 매사에 걱정이 많고 불안감을 자주 느껴 스트레스에 취약한 상태일 가능성이 크다. 감정 조절 능력이 떨어져 자주 화를 내거나 위축되고 우울해 하는 등 감정기복이 클 수 있다. 이 책에서 소개하는 다양한 연습을 통한 생각습관 훈련으로 긍정적 자기대화를 해보길 권한다.

▶16~25점: 당신의 자기대화 수치는 평균적인 상태. 일상에서 긍정적인 사고와 태도를 가지려 노력하지만 항상 부족함을 느끼고 있다. 때로 부정적 자기대화로 후회할 말과 행동을 한 후 스트레스를 받기도 한다. 지금보다는 조금 더 건강한 자기대화가 필요하다.

▶26~30점: 긍정적 자기대화를 많이 하는 당신. 스트레스에 잘 대처하여 정신적으로 건강한 삶을 살고 있다. 자신의 감정에 쉽게 휘둘리지 않는 당신은 주변의 모범이 되기도 한다. 이 책을 통해 좀 더 체계적으로 긍정적인 자기대화법을 해나가길 바란다.

PART ONE
그 누구도 아닌 나와 잘 지내는 법

다시 일어서는 사람과 아닌 사람의 차이

CHAPTER 1

혹시 힘들 때 스스로 마음을 다지기보다는 다른 사람들에게 위로의 말을 듣는 것으로 마음을 달래려 하고 있지는 않은가?

만약 그렇다면 나도 모르는 사이에 스스로를 힘들게 하는 부정적 자기 대화(생각)를 하고 있을 가능성이 크다. 스스로에게 듣지 못하는 긍정적인 말을 다른 사람한테서 듣고 싶어 하는 것이다.

생각에 대해서는 다양한 학설이 존재하지만, 대체로 인간이 하루에 하는 생각은 많게는 7만 번에서 적게는 1만 번이라고 한다. 즉, 우리는 깨어 있는 내내 하루도 빼놓지 않고 자신과 셀 수 없이 많은 대화를 하고 있는 셈이다.

그러나 안타깝게도 대부분의 사람은 자기 자신과 어떻게 대화를 나눠야 하는지, 자신의 생각과 감정을 어떻게 주도적으로 받아들여야 하는지 알지 못한 채 힘겹게 하루하루를 살아간다.

물론 수만 번의 생각이 모두 긍정적일 수는 없다. 하지만 부정적인 생각이 떠오른다고 아무런 자각 없이 그대로 놓아둔다면 영원히 외롭고 힘든 삶을 살 수밖에 없다.

흔히들 인간은 고독한 존재라고 말한다. 상담가의 관점에서 볼 때도 이 말은 충분히 이해가 간다. 이 세상 그 누구도 자신이 느끼는 감정을 백 퍼센트 완벽히 공감하거나 이해할 수 없고, 자신의 고민과 걱정을 대신 해결해줄 수도 없으니 말이다. 결국 자기 삶의 무게를 지탱해내는 것은 온전히 자신의 몫이기에 우리 삶은 고독하고 외로울 수밖에 없는지도 모른다.

이러한 숙명 때문일까. 주위 사람들이 자신을 진심으로 위해주는데도 허전함과 외로움으로 힘들어하는 사람들이 있는가 하면, 외롭고 힘든 환경 속에서도 씩씩하게 삶을 개척하고 이겨내는 사람도 많이 볼 수 있다. 그 차이점은 어디에서 생겨나는 걸까?

행복의 조건은 무엇일까?

하버드대 의대 교수인 조지 베일런트 박사는 1930년대 말에 하버드대에 입학한 2학년생 268명의 삶을 75년간 추적해 밝혀낸 행복의 조건으로 큰 화제를 모은 적이 있다. 베일런트 박사는 엘리트 집단인 하버드대 학생들이 어떻게 행복한 생활을 영위했는지에 대한 연구에 평생을 바쳤다. 그 결과 행복의

조건으로 고통에 대응하는 '대처 능력(coping)', 교육, 안정적 결혼, 금연, 금주, 운동, 적당한 체중 등 일곱 가지 요소를 뽑았다.

그중에서 가장 중요하게 뽑은 첫 번째 요소는 바로 인생의 고통에 대응하는 대처 능력, 즉 회복탄력성(resilience)이었다. 회복탄력성이란 역경과 시련을 겪은 뒤 다시 원래 자리로 돌아오는 능력, 다시 말해 어려운 일에 부딪혔을 때 바닥을 치고 올라와 회복하는 힘을 의미한다.

베일런트 박사는 인생은 길고 그 과정 또한 고난의 연속이지만, 우리가 살아가면서 겪는 힘든 일이 우리의 미래를 결정하지는 않는다고 말한다. 행복이란 좋은 일만 일어나고 나쁜 일은 일어나지 않는 게 아니라 나쁜 일이나 고통스러운 일이 일어났을 때 우리가 어떻게 대응하느냐에 달려 있다는 것이다.

나는 회복탄력성이 있는 사람과 없는 사람, 즉 인생의 고통을 딛고 다시 일어설 수 있는 사람과 그렇지 못한 사람의 차이는 바로 긍정적인 '자기대화'에 있다고 믿는다. 힘든 일에 부딪혔을 때 스스로에게 어떤 말을 하느냐에 따라 다시 일어나 위로 올라갈 수도, 모든 것을 포기하고 밑바닥에 주저앉아 버릴 수도 있는 것이다.

나에게 건네는 위안과 용기의 말

인간은 고독한 존재다. 하지만 그렇기 때문에 오히려 독립적이고 주체적으로 생각을 선택할 수 있다. 고독을 피하려고만 하면 다른 사람들이 자기 대신 생각하고 간섭하게 할 수도 있다. 더 나아가 자신의 인생을 주체적으로 살지 못할 수도 있다. 인생이 바닥을 쳤다고 느낄 때 가장 큰 위안과 용기의 말로 자신을 다시 일으켜줄 수 있는 사람은 오직 나 자신뿐이다.

　우리 인생은 마냥 행복할 수만은 없다. 그러나 긍정적인 생각과 의지를 잃지 않는다면 저마다 목적하는 삶에 다다를 수 있지 않을까. 고독과 외로움은 인간의 숙명이지만, 그럼에도 잘 이겨내고 견뎌낸다면 건강하고 활기찬 삶을 살아갈 수 있을 것이다.

"혹시 지금 힘들고 지쳐
주저앉아 있다면
너에게 얘기해줘.
괜찮다고, 힘들면 좀 쉬어도 된다고,
그러다 힘이 생기면
그때 다시 일어나면 된다고."

파도와 같이 생각이 몰려올 때

생각은 자신의 의지와는 상관없이 머릿속에서 조건반사적으로 갑자기 튀어오르는 것처럼 느껴진다. 마치 내가 나 스스로와 대화하듯 머릿속에서 이런저런 생각이 자동적으로 계속해서 떠오르는 것이다. 그래서 심리학에서는 이를 가리켜 '자기대화(self-talk)' 또는 '자동사고(automatic thoughts)'라고 부른다.

우리가 하는 생각은 사실 긍정적이지도 부정적이지도 않은 중립적인 것들이 대부분이다. '오늘 점심은 뭘 먹지?' '읽고 싶은 책이 있는데 주말에 서점에 가야지.' '헤어스타일이나 바꿔볼까?'

물론 그중에는 기분을 좋게 하는 생각도 있다. '오늘은 화장이 정말 잘됐네.' '저녁때 친구들과 만나면 맛있는 거 먹으러 가야지.' '운동을 했더니 살이 좀 빠진 것 같아.'

그 반면 기분을 좋지 않게 하는 부정적인 생각도 있다. '남자친구가 왜 전화를 안 받지? 나한테 화가 났나?' '엄마가 아시면 분명 혼날 텐데.' '난 왜 항상 이 모양일까.' '쟨 정말 구제불능이야.'

생각이 사실일까?

.... 우리는 어떤 생각이 떠오를 때마다 그것이 사실인지 아닌지를 따져보지 않고 무조건 옳다고 믿는 경우가 많다. 그 생각이 사실이 아닐지라도 옳다고 믿으면 그것은 자신에게 크게 영향을 미친다. 즉, 자신이 그 생각을 얼마나 옳다고 믿는지에 따라 영향을 받는 정도도 달라진다.

남자친구와 헤어져 실연의 슬픔에 잠겨 있는 친구가 있다고 가정해보자. 일주일 뒤 당신은 그 친구를 위로하기 위해 집으로 찾아갔는데, 그녀는 당신에게 이렇게 말한다.

"그 남자 없이는 살 수 없어. 난 이제 아무에게도 사랑받지 못할 거야."

만약 그녀가 이런 생각을 사실이라고 철석같이 믿고 있다면 그녀는 식음을 전폐한 채 집 밖으로 나오지 않을 가능성이 크다.

그러나 몇 달 뒤 그녀를 다시 만났을 때 그때 했던 생각을 더 이상 사실이 아니라고 믿는다면 그녀는 이제 그 생각으로 괴로워하지 않을 것이다.

이처럼 생각은 머무르지 않고 계속 변화하며, 자신이 그 생각을 얼마나 옳다고 믿느냐에 따라 자신의 감정과 행동에 영향을 줄 수도, 그렇지 않을 수도 있다.

따라서 평소에 자신의 생각을 잘 관찰하는 것이 중요하다. 나는 어떤 생각을 하고 사는가? 나는 주로 긍정적인 생각을 하는가, 아니면 부정적인 생각을 하는가? 나는 나에게 너그러운가, 아니면 야박하고 냉정한가? 나는 나에게 좋은 친구인가, 잔소리꾼인가? 이런 생각을 하는 것이 나에게 도움이 되는가? 나는 내 머릿속에 떠오르는 생각을 얼마나 사실이라고 믿는가?

우울증을 앓는 사람들은 부정적인 생각을 자주 하고 사실이 아닌 생각도 사실이라고 믿는 경향이 있어 괴로워 한다. 심지어 스스로 목숨을 끊기도 한다. 이는 스스로 생각을 골라내는 과정을 거치지 않고 머릿속에 떠오르는 모든 생각을 사실이라고 받아들이기 때문이다.

'아무도 날 사랑하지 않아' '난 쓸모없는 사람이야' 와 같은 생각은 머릿속에 떠오르는 순간 마치 사실처럼 느껴지지만 그것은 생각일 뿐 사실이 아니다. 그런데도 이런 부정적인 생각을 사실로 받아들이고 믿게 되면 크게 영향을 받을 수밖에 없다.

생각의 키를 잡는 법

……………………… 수많은 생각이 자신의 머릿속에 떠오르는 대로 놔둘 것인가? 아니면 이런 생각들 가운데 자신에게 좀 더 도

움이 되는 생각을 선별할 것인가? 이 질문에 대한 대답은 당신의 정신적 건강과 삶의 질을 결정할 것이다.

예전에는 어떤 생각이든지 머릿속에서 떠오르는 대로 모두 받아들여 생각나는 대로 말하고 행동하는 수동적인 생활을 했다면, 이제는 자신에게 도움이 되는 현실적이고 건강한 생각만을 골라 능동적으로 자신의 삶을 주도해야 한다. 감정은 우리 힘으로 컨트롤할 수 없지만 생각은 꾸준한 연습만 이루어진다면 얼마든지 바꿀 수 있다. 생각은 마치 파도와 같아 밀려오는 것을 멈출 수 없다. 거센 파도처럼 밀려오는 부정적인 생각을 적극적으로 파악해 대처하지 않으면 그 생각에 휩쓸려 자신에게 해를 끼치는 말과 행동을 하게 된다.

그러나 선장이 거센 파도에도 침착하게 조종키를 붙잡고 방향을 조종하듯 우리도 생각의 조종키를 붙잡고 조종하는 법을 배운다면 우리가 원하는 대로 생각의 방향을 틀 수 있다.

"네 머릿속에 들어오는 생각을
모두 붙잡으려 하지 마.
때로는 구름처럼
그냥 흘려 보내야 할 때도 있어."

매일 '나 혼자 전쟁'을 치르는 당신에게

아마도 초등학교 2, 3학년 때쯤이었던 것 같다. 응암동에서 역촌동으로 이사를 하고 등교했던 첫날, 방과 후 집으로 돌아가기 위해 시내버스를 탔다. 이사하기 전에는 학교에서 집까지는 정거장 몇 개면 도착하는 가까운 거리였다. 하지만 학교가 있는 응암동에서 새집이 위치한 역촌동까지 가는 직행버스가 없었기 때문에 중간에 내려 다른 노선의 버스를 갈아타야 했다.

이는 초등학생 꼬마에게는 꽤 복잡하게 느껴졌을 것이다. 내려야 하는 정거장 이름을 수십 번도 더 입속에서 되뇌었지만 결국 집 앞 정거장을 지나쳐버렸고, 엉뚱한 정거장에서 하차를 했다. 아무리 주변을 둘러보아도 아는 건물이 눈에 들어오지 않자 겁이 덜컥 났고 길을 잃었다는 두려움이 몰려왔다.

나는 제일 먼저 눈에 띈 공중전화로 달려가 집으로 전화를 걸었다. 울먹거리는 목소리로 "아빠, 정거장을 잘못 내렸나봐. 여기가 어딘지 모르겠어"라는 내게 아빠는 나를 안심시키시며 말씀하셨다.

"잘못 내렸어? 괜찮아. 혹시 옆에 지나가는 어른이 있으면 잠깐 전화를 받으실 수 있는지 여쭤봐. 엄마랑 같이 데리러 갈 테니까 거기서 가만히 기다려. 알았지?"

만약 그때 부모님이 "그러길래 잘 보고 내리라고 했잖아"라며 야단을 치거나 "버스 안내양 언니한테 물어보고 내렸어야지, 왜 아무 데서나 내렸어?"라고 타박을 하셨다면 자책하는 마음이 들었을 것이다. 혹은 "그러다가 무서운 아저씨가 잡아가기라도 했으면 어쩔 뻔했어. 정말 큰일날 뻔했네"라며 겁을 주셨다면 불안감이 생겨 그 이후 혼자서 버스 타는 것을 무서워했을 수도 있다. 그러나 곧바로 날 데리러 오신 부모님은 "괜찮아. 처음에는 잘 모르니까 실수할 수 있어. 다음 번에는 잘 보고 내리면 돼"라며 나를 안심시키셨다.

그런 부모님의 모습을 보며 나는 어떤 문제가 닥칠 때마다 자책하거나 불안해하기보다는, '괜찮아, 우선 문제부터 해결해보자'라는 생각부터 하는 습관이 들었던 것 같다.

우리는 누구나 자기대화를 한다. 마치 독백과도 같은 이 자기대화는 내가 하는 말과 행동에 대해 머릿속에서 끊임없이 평가를 내린다. 스스로 생각하기에 뿌듯한 행동을 했을 때는 '잘했어. 그건 참 좋은 생각이야'라고 칭찬을 하지만, 반대로 후회가 되거나 창피한 말이나 행동을 했을 때는 '그냥 가만히 있었어야지. 왜 그런 소릴 했어'라며 비판을 하기도 한다.

이때 우리가 하는 독백은 대개 어린 시절 부모와의 관계나 아동기, 청소년기의 경험에서 습득한 경우가 많다. 마치 어린아이가 의사소통을 하기 위해 말을 배우듯 자신과의 대화를 위한 내면의 언어를 주변환경에서 보고 배우는 것이다. 그리고 그렇게 배운 내면의 언어와 말투로 우리는 자기자신과 끊임없이 대화하며 평생을 살아간다.

긍정적인 자기대화를 하는 사람은…

⋯⋯⋯⋯⋯⋯⋯⋯⋯⋯⋯⋯⋯⋯⋯⋯⋯⋯ 그런데 이 내면의 언어는 어린 시절, 아무런 선택의 자유 없이 무조건적으로 양육자나 주변 사람들로부터 보고 배운 것이었다. 그렇기 때문에, 나의 의지와는 상관없이 실제로는 내가 싫어하고 혐오하는 사람의 문법이나 어투로 스스로에게 상처를 주는 말을 하고 있을 수도 있다. 대부분의 사람들은 이러한 내적 언어에 대해 자각하지 못한 채, 어릴 적 배우고 습득한 언어를 그대로 사용하면서 스스로에게 상처를 주고 자신감을 잃어버린다.

내가 스스로에게 하는 말이 주변의 친하고 아끼는 사람에게도 거리낌 없이 할 수 있는 말인지 생각해보라. 만약 소중한 사람에게 하지 않을 말을 스스로에게 하고 있다면 내적 리모델링이 필요하다.

어느 은퇴한 운동선수가 TV 프로그램에서 자신의 경험담을 말하는 것을 본 적이 있다. 그는 끊임없이 자기 자신을 다그친 결과, 자기 분야에서 압도적인 기록을 보유한 최고의 선수가 되었다. 어릴 때 꿈은 '아무도 범접할 수 없는, 누구도 넘볼 수 없는 선수'가 되는 것이었다고 한다. 하지만 그는 주변의 감독, 코치, 동료들이 모두 한결같이 그의 성과를 칭찬할 때조차도 경기를 마친 뒤 매번 '아까 그 바보 같은 짓을 안 했으면 더 좋은 기록을 낼 수 있었는데…'라 며 후회하고 자책했다고 한다.

매일 반복되는 이런 경험을 '나 혼자 전쟁을 하는 느낌'이었다고 표현한 그는 선수 인생이 즐겁고 기분 좋은 일만은 아니었다고 고백한다. 아이러니하게도 "한 인간으로서 이루고 싶은 꿈이 무엇이냐"는 방청객의 질문에 그는 "그동안 단 한번을 행복하게 못 살았다. 행복하게 살고 싶다"라고 답했다.

물론 스스로에 대한 혹독한 비판과 채찍질로 최고의 기록을 세운 것은 칭송받아 마땅한 업적임에는 틀림없다. 그러나 그 과정에서 다른 사람들이 아무리 칭찬을 해도 정작 자기 스스로 칭찬을 하지 않는다면 행복한 삶은 포기하는 것이나 다름없는 셈이다. 그는 자기자신과의 대화에서 단 한번도 스스로에게 친절하지 않았고 그 결과 그동안 행복하지 않은 삶을 살았는지도 모른다.

긍정적인 자기대화를 하는 사람은 그렇지 않은 사람보다 더 행복하고, 에너지가 넘치며, 희망적인 미래를 꿈꾼다. 친절한 자기대화는 스스로에게 하는 행복한 자기주문과도 같아서 기분을 좋게 해주고 자신감과 자존감을 높여주며 스트레스를 줄여준다.

다행스럽게도 자기대화, 즉 내면의 언어는 우리가 매일 사용하는 언어와 같이 얼마든지 배우고 향상시켜 올바르고 친절하게, 고운 말로 사용할 수 있다.

하지만 오랜 시간 배우고 사용해 온 언어이기 때문에 그동안 사용해온 방식을 버리고 새로 변화하려 노력하는 것은 쉽지 않을 것이다.

그러나 새로운 외국어를 배우기 위해서 오랜 시간을 투자하고 노력해야 하는 것처럼, 실수해도 창피해 하지 않고 서툴다고 주눅들 필요 없이 꾸준히 연습하고 노력한다면 나에게 응원과 힘이 되는 긍정적인 자기대화의 방법을 알게 될 것이다.

"하루종일
나 자신에게 하고 있는 말은
앞으로 내 인생을
결정하는 길이 된다."

나는 어떻게 나와 싸우는 것을
멈출 수 있었을까

어렸을 때부터 내성적인 성격이었던 나는 사람들 앞에 나서길 싫어하는 탓에 항상 조용하고 별로 눈에 띄지 않는 아이였다.

대학에 들어가고 20대가 되면서 외향적인 성격으로 바꾸려고 노력했지만 그다지 큰 변화는 없었다.

세상은 외향적인 사람에게 더 호의적인 편이다. 외향적인 기질을 가진 사람은 사교성이 좋아 다른 사람들과 어울리는 것을 좋아하고 주도적으로 대화를 이끌어간다. 따라서 같이 있으면 재미있고 기분이 좋아지므로 어디에서나 큰 환영을 받는 경우가 많다. 그 반면 내성적인 기질을 가진 사람은 마치 성격에 큰 '하자'가 있는 것처럼 여겨져 그런 성격을 '고쳐야 한다'고 생각하는 시선이 많다. 따라서 스스로 위축되거나 사회생활에서 힘들어하는 경우가 많다.

두 가지 기질 가운데 어느 하나가 더 좋거나 나쁜 게 아니라 단지 서로 다를 뿐인데 두 성격을 정반대로 바라보는 것이다. 이런 시선 때문에 나는 자신의 성격을 받아들이지 못하고 스스로에게 혹독하게 대하며 힘든 20대를 보냈다.

생각을 바꾸자 나를 인정하게 되었다

⋯⋯⋯⋯⋯⋯⋯⋯⋯⋯⋯⋯⋯⋯⋯ 그때의 나는 이런 생각을 했다. '나는 왜 이렇게 바보 같지?' '내가 다른 사람이라도 나같이 조용하고 재미없는 사람과는 같이 있고 싶지 않을 거야.' '왜 나는 사람이 많은 곳에 가면 마음이 불편하고 힘든 걸까.'

그런데 심리학을 공부하면서 사람은 누구나 선천적으로 타고나는 기질이 있으며, 이 기질은 후천적인 노력으로 바꾸기 어렵다는 것을 알게 되었다. 그리고 상담 훈련 과정을 거치면서 차분하고 조용한 내 기질은 고쳐야 할 단점이 아니라 좋은 상담가가 되는 데 결정적인 도움을 주는 큰 장점임을 깨달았다.

내성적인 사람은 조용하고 진중하기 때문에 다른 사람의 말을 잘 경청할줄 알고 상대방의 이야기를 들을 때 집중력이 뛰어나다. 그리고 한마디 하더라도 심사숙고한 뒤에 말해 말실수가 적고 입이 무거워 비밀을 잘 지킨다. 많은 사람과 관계를 맺지는 않지만 한번 맺은 사람과는 깊고 오래 유지한다.

상담가로서 경력을 쌓기 시작하면서 나는 그동안 고쳐야 하는 성격이라고 잘못 '믿었던' 타고난 기질을 인정하고 받아들여 그제야 나 자신과 싸우는 것을 멈출 수 있었다.

예전에는 내성적인 내 모습을 바보 같고 비정상적이라고 생각했다. 하지만 이제는 다르다. 내 성격은 사람들을 편안하게 해주어 쉽게 꺼내기 어려운 이야기도 할 수 있게 하고, 진정성을 보여줘 클라이언트의 신뢰를 얻을 수 있다. 물론 많은 사람과 있을 때는 여전히 조금 불편하지만 클라이언트와 일 대 일로 상담할 때는 오히려 집중력 있게 이야기를 들을 수 있다. 나는 이처럼 내 성격을 긍정적으로 생각할 뿐 아니라 오히려 이런 기질을 가진 것을 고마워하게 되었다. 20대의 나와 지금의 나는 변함없이 똑같은 기질과 성격을 가졌지만 생각을 바꾸자 더 이상 큰 스트레스를 받지 않게 되었다.

사람은 누구나 자신의 장점과 단점에 대해 알고 있다. 그러나 자신이 단점이라고 생각했던 것이 자신을 빛내주는 큰 장점이 될 수도 있다는 사실은 잘 알지 못한다. 때로는 관점을 바꾸어 어떻게 생각하느냐에 따라 고치거나 바꾸고 싶은 단점이 나만이 가진 특별하고 소중한 장점이 될 수도 있는 것이다. 그리고 이 모든 것은 자신을 가장 잘 알고 이해하는 사람이 바로 자기 자신이기에 가능한 일이란 걸 기억하자.

지금보다 '조금 더' 행복해지려면

처음 상담 훈련을 받을 때 수십

년 경력이 있는 베테랑 상담가에게 이런 말을 들었다.

"상담을 받으러 오는 클라이언트들은 모두 행복해지길 원합니다. 하지만 상담가가 그들에게 해답을 주거나 어떻게 하라고 강요할 수는 없어요. 다만 그들이 스스로 해답을 찾을 수 있도록 옆에서 길을 안내하는 역할을 할 뿐입니다. 이때 그들에게 '당신은 어떻게 해야 행복해질 수 있을까요?'라고 물어서는 안 됩니다. 왜일까요?"

나는 그 질문을 듣고 의아해졌다. '행복해지길 원하는 사람들에게 어떻게 해야 행복해질 수 있느냐고 묻는 게 뭐가 잘못된 거지?'

잠시 뒤 그 상담가가 다시 말을 이었다.

"우리가 클라이언트들을 행복하게 해줄 수는 없어요. 원래 삶이란 행복할 때도 있고 그렇지 않을 때도 있으니까요. 하지만 삶의 무게가 너무 무거워 힘들어할 때 그들을 도와서 그 무게를 덜어줄 수는 있어요. 그게 바로 상담가가 할 수 있는 역할이지요. 따라서 클라이언트들에게 이렇게 질문하는 게 더 현실적이에요. '당신은 어떻게 해야 지금보다 조금 더 행복해질 수 있을까요?' 만약 행복과 불행을 점수로 매기는 저울이 있다고 가정해보지요. 이 저울의 눈금은 '아주 행복하다'가 0이고 '아주 불행하다'가 10이에요. 만약 이 눈금을 9라고 느꼈던 사람이 상담을 통해 5 정도로 낮아질 수만 있다면 그 상담은 성공입니다. 비록 그 눈금을 완전히 0으로 만들 수는 없어도 말이에요."

그렇다면 지금보다 '조금 더' 행복한, '조금 더' 나은 사람이 되려면 어떻게 해야 할까?

"네가 불만족스러워하는 너의 단점은
너의 부족함을 의미하는 것이 아니야.
다른 사람들과 조금 다른 것일 뿐,
네가 가진 수많은 모습 중 한 모습이라면,
바꾸지 않아도 돼.
지금 이대로도 괜찮아."

나에게 친절해지는 연습

우리가 이 세상에서 하루하루 생존하기 위해, 즉 우리 몸이 정상적으로 움직이기 위해 가장 기본적으로 필요한 것을 꼽으라면 공기와 물, 음식 그리고 수면일 것이다.

그렇다면 우리의 심리, 즉 정신을 건강하게 지키기 위해 가장 필요한 것은 무엇일까? 바로 '자존감'이다.

자존감이라는 용어가 지금처럼 일반적으로 쓰이기 이전에는 '자긍심'이 같은 의미로 사용되었다. 자존감(self-esteem)은 자신(self)을 존중(esteem)하는 마음, 즉 스스로 '나는 가치 있는 사람'이라고 생각하며 자신의 존재 가치를 인정하고 받아들이는 마음을 뜻한다.

있는 그대로의 나를 소중히 받아들일 수 있다면 하루하루 살아갈 의미를 찾을 수 있다. 그러나 스스로 '나는 가치 없는 사람'이라는 믿음이나 생각을 갖고 자기 자신을 받아들이지 못하면 불안함과 공허함이 느껴지고 살아 있는 것 자체가 큰 고통일 수 있다.

이와 같은 자존감의 부재는 일상에서 외적으로는 외모나 물질적인 것에 집착하게 하거나, 내적으로는 매사에 왜곡되거나 부정적인 생각으로 나타난다.

그리고 정작 자신의 실질적인 가치를 높이기 위한 별다른 노력을 하지 않게 된다. 이런 이유로 자존감이 낮은 대부분의 사람은 주변 사람들에게 존중받지 못하고, 외부에서도 긍정적인 평가나 피드백을 받지 못해 결국 '나는 가치 없는 사람'이라는 믿음을 다시 강화하게 된다.

자존감은 우리가 삶의 무게를 지탱하고 한 발자국씩 앞으로 걸어 나갈 수 있게 하는 정신적 원동력이다.

자존감과 자존심의 차이

························· 흔히 자존감과 자존심을 비교하는데, 이 두 단어의 가장 큰 차이점은 바로 자신에 대한 가치가 외부, 즉 타인과의 관계에서 영향을 받느냐, 그렇지 않으냐에 달려 있다.

자존심의 사전적 의미는 '남에게 굽히지 않고 스스로의 품위나 가치를 지키려는 마음'으로 나 자신이 생각하는 스스로의 가치를 타인과의 관계로 결정한다.

우리 주변에서 볼 수 있는, 유별나게 자존심을 내세우는 사람들은 사실 타인과의 관계에서 쉽게 상처받고 열등감을 느껴 자기방 어적으로 그러는 경우가 많다.

이에 반해 자존감은 다른 사람과의 관계가 아니라 나 자신을 스스로 가치 있게 여기고 존중하는 마음이다. 따라서 자존감이 높은 사람은 주위에 어떤 사람이 있느냐에 상관없이 일관된 마음가짐으로 자기 자신을 대하며, 스스로에 대한 믿음이 강해 자신만의 확고한 가치관을 갖고 있다.

자존감이 낮은 사람은 자신의 부족함이나 열등함을 받아들이지 못하고 부정하며 이를 마주하는 것이 두려워 회피하기 때문에 더 발전하고 나아질 수 있는 기회를 스스로 없애버린다. 그리고 '나는 혼자서 잘 해낼 자신이 없다'는 두려움은 곧 힘들고 어려워 보이는 것에 대한 도전을 포기하게 한다.

자존감이 낮은 경우 '자만심'과 '자격지심'을 갖고 있어 다른 사람들을 수직적 관계에서 바라보며 자신과 비교한다. 이들은 자만심을 느낄 때 자신이 다른 사람들보다 더 뛰어나고 중요하다고 믿어 우월감을 가진다. 즉, 수직적 관계에서 자신은 위에, 타인은 밑에 두는 것이다. 그러나 자격지심을 느낄 때는 자신이 다른 사람들보다 모자라고 뒤처진다고 믿어 열등감을 갖기 때문에 수직적 관계에서 자신은 밑에, 타인은 위에 둔다.

이에 비해 자존감이 높은 사람들은 수평적 관계에서 타인을 동등한 처지에서 바라보기 때문에 자신보다 뛰어난 사람이라고 위축되지도 않고 자신보다 못한 사람이라고 우월감을 느끼지도 않는다.

한동안 사회적으로 논란이 되었던 이른바 '갑질'은 자존감이 낮고 자존심만 센 사람들이 빚어낸 현상이라고 할 수 있다.

이들은 타인의 영향을 받아 스스로의 가치를 결정하기 때문에 자신보다 더 뛰어나거나 강한 사람에게는 지나친 희생을, 반대로 자신보다 더 약한 사람에게는 '갑질'을 서슴지 않는다.

즉, 자신보다 더 뛰어나거나 우월한 사람을 보면 주눅이 들고 스스로 작게 느껴지지만, 반대로 자신보다 못한 사람에게는 우월한 마음이 드는 것이다. 이들은 스스로를 있는 그대로 존중하지 않으므로 내면적으로 열등감(자격지심)을 갖고 있다. 하지만 남들보다 더 우월하고 싶은 욕구(자만심)가 강해 자신의 열등감을 감추기 위해 반대로 상대적 약자에게 횡포를 부린다.

자존감을 높이는 비결

그럼 어떻게 하면 자존감을 높일 수 있을까? 흔히 사람들은 '스펙'이 좋고 잘 나가는 집안 배경에 외모가 뛰어나면, 혹은 돈을 많이 벌고 좋은 직업을 가지면 자존감을 높일 수 있을 거라 생각한다.

그렇다면 보잘것 없는 외모와 평범한 학벌에 별로 내세울 것 없는 직업을 가진 사람들은 모두 다 자존감이 낮을까? 만약 겉으로 보이는 물질적인 환경이 자존감에 영향을 준다면 해결책은 아주 간단해질 것이다. 외모를 멋지게 바꾸고 좋은 학교에 들어가고 누구나 부러워하는 직업을 얻어 부자 동네에 자리한 최고급 아파트로 이사하면 자존감도 함께 높아질 것이기 때문이다.

그러나 이런 눈에 보이는 물질적인 것들은 자존감에 큰 영향을 주지 않는다. 물론 더 예뻐지고 싶은 욕심에 성형수술을 하면 거울 속에 비치는 겉모습은 변할 것이다. 하지만 여전히 자신의 얼굴을 보며 단점을 찾는다면 아무리 외모가 아름답게 바뀌었다고 해도 자존감은 예전 그 자리에 그대로 머물러 있을 것이다.

매일 아침 거울을 보며 "난 왜 이렇게 결점투성이일까?"라고 말하는 사람과 "이렇게 밝은 표정을 지으니까 훨씬 활기차 보이네!"라고 말하는 사람의 차이는 결국 자존감인 것이다.

자존감이 낮은 사람들은 자신을 항상 다른 사람과 비교하기 때문에 타인의 단점이나 잘못에 지나치게 비판적이며 다른 사람의 성공을 질투하고 시기하거나 별것 아닌 것으로 치부해버린다. "그게 뭐 대수야. 그 정도는 나도 하겠다"라는 식이다.

가장 가까운 예로 인터넷 악플이나 지나친 비방글을 쓰는 사람들 또는 왕따 가해자들이 있다. 이들은 있는 그대로의 자신을 받아들이지 못하고 스스로를 가치 없게 여기므로 다른 사람도 자신과 똑같이 가치 없는 존재로 만들고자 혹독히 비판하고 괴롭힌다.

또한 이들은 자신의 가치를 타인과의 비교를 통해 결정하기 때문에 남들 앞에서 열등해 보이지 않으려 약점을 인정하지 않고 숨기려 하며, 자신의 잘못이 드러나면 핑계를 대거나 부정함으로써 모면하려 한다.

그 반면 자존감이 높은 사람들은 다른 사람들을 자신과는 무관하게 바라보기 때문에 타인의 실수에 관대하며("그럴 수도 있지 뭐. 괜찮아") 업적이나 잘한 것, 뛰어난 점에는 칭찬을 아끼지 않는 여유로움을 갖고 있다("정말 대단하다. 나 같으면 그렇게 못했을 것 같아").

또한 자존감이 높은 사람들은 스스로의 가치를 소중히 생각하기 때문에 자신의 약점을 받아들이고 부족한 점은 더 발전하기 위한 기회로 삼으며, 실수나 잘못을 했을 때도 이를 솔직히 인정하고 사과한다.

다행스럽게도 우리 자존감에 영향을 주는 것은 겉으로 드러나는 외모나 환경이 아니다. 나 스스로가 나를 얼마나 가치 있게 바라보느냐, 즉 '스스로에게 얼마나 좋은 친구가 되어주느냐'가 자존감에 영향을 준다.

그리고 자기 가치는 자신이 스스로에게 하는 말, 혹은 우리가 머릿속으로 하는 생각에 따라 결정된다.

"작은 장점이라도 찾아내
매일 스스로에게 칭찬 한마디를 해봐.
칭찬 한마디가 하나씩 쌓여
언젠가는 네가 원하는
가치 있는 사람이 되어있을 거야."

PART TWO

나는 왜 이럴까?

−ABC 모델로 알아보는 나의 진짜 감정과 생각

감정을 다루는 법을 아는 사람들

초임 강사 시절, 첫 수업에서 강의를 하다가 어떤 학생이 목젖이 보일 정도로 크게 입을 벌리고 하품하는 것을 봤다.

그 순간 나는 '내 강의가 그렇게 지루하고 재미가 없나?' 하는 생각이 들면서 불안해지기 시작했다. 불안감이 커지자 자신감도 점점 떨어지고 나도 모르게 위축되어 목소리가 작아지고 등에서는 식은 땀이 흘렀다

이때 내가 불안감을 느낀 이유는 강의 시간에 하품을 하는 학생을 본 순간 '내 강의가 지루하고 재미없나?'라는 부정적인 생각이 들었기 때문이다. 그리고 그 생각의 밑바탕에는 '내 강의는 무조건 재미있고 지루하지 않아야 한다'는 강박적인 믿음이 있었다. 이런 잘못된 믿음과 이로 인해 머리에 떠오른 잘못된 생각이 불안한 감

정과 자신없는 강의라는 결과로 이어진 것이다.

강의 시간에 하품하는 학생을 볼 때마다 '내 강의가 재미없나?' 라는 생각으로 불안해 한다면 강의의 질이 떨어질 수밖에 없다. 이 때는 자신의 머릿속에 무의식적으로 자리 잡고 있는 비현실적인 믿음을 현실적인 믿음으로 바꿔야 한다. 그러기 위해서는 '내 강의 는 재미없다'라는 생각이 들 때마다 '내 강의가 항상 재미있을 수 는 없다. 때로는 재미있지 않아도 괜찮다. 내가 계속 공부하면서 노 력한다는 사실이 중요하다'라는 생각으로 바꾸는 노력을 꾸준히 해야 하는 것이다.

즉, 강의 도중에 부정적인 생각이 드는 순간 그 생각은 잘못된 믿 음에 근거하고 있다는 점을 인지해야 한다. 그러고 나서 이로 인해 발생한 부정적인 생각을 좀 더 긍정적이고 현실적인 생각으로 바 꾸는 것이다. '모든 학생이 내 강의를 좋아할 수는 없어. 그래도 열 심히 듣는 학생이 더 많으니까 괜찮아.' '저 학생이 하품을 하는 이 유는 피곤하기 때문일 거야.'

이처럼 긍정적이고 현실적인 생각으로 바꾸는 연습을 의식적으 로 꾸준히 반복해야 내면에 뿌리 깊게 자리한 잘못된 믿음을 현실 적으로 바꿀 수 있다.

나 역시 이와 같은 생각 고르기 연습을 통해 내면의 비현실적인 믿음을 새로운 믿음으로 바꿀 수 있었다. 그 뒤로는 설령 강의 시간 에 온전히 집중하지 않고 하품하는 학생이 눈에 띄더라도 더 이상 불안감이 들지 않았다.

··· 클라이언트와 상담할 때 상담
가들은 여러 가지 기법을 사용한다. 마음의 상처를 꺼내 보이는 사
람에게는 공감을 해주고, 감정 표현에 서툴거나 문제 해결 능력이
부족한 사람에게는 지지를 해준다. 현실에 대한 자각이 필요하거나
과거 어렸을 때의 경험이 현재 심리적 상태에 영향을 줄 때는 정신
역동 기법이나 정신분석 기법을, 인간의 기본 욕구가 채워지지 않
은 데서 오는 갈등에는 현실 기법을, 현재 내면의 상태가 평소의 행
동에 영향을 주고 있다면 자기 발견을 할 수 있도록 게슈탈트 기법
등을 사용한다.

이런 기법은 전문가의 직접적인 개입이 있어야 하며, 단기간보다
는 몇 개월에서 몇 년까지 장기간에 걸친 상담이 요구된다.

여러 상담 기법 중 인지행동 치료는 자신에게 부정적인 결과를
가져오는 잘못된 생각을 자기 스스로 인지하고 깨달아 좀 더 긍정
적인 행동을 하도록 돕는 치료법이다. 즉, 부정적인 생각의 밑바탕
에 깔려 있는 잘못된 신념과 믿음을 반복적인 훈련을 거쳐 변화시
키는 것이다.

치료 방법은 개인 상담과 여러 명을 대상으로 한 워크숍 형식의
프로그램이 있으며 치료 기간도 단기간이다. 따라서 다른 치료법에
비해 손쉽게 다가갈 수 있다.

어떤 상황 자체가 아니라 그 상황에 대해 우리가 지닌 생각과 믿
음이 감정과 행동에 영향을 준다는 것이 인지행동 치료의 기본 원

리다. 우리는 어떤 상황에 맞닥뜨릴 때마다 어떤 생각을 하느냐에 따라 기분이 좋아지기도 하고 우울해지기도 하며, 불안해지기도 하고 화가 나기도 한다.

예를 들어 자동차를 운전해 시내로 들어섰다고 가정해보자. 갑자기 다른 차가 나타나 자신의 차 앞으로 머리를 들이밀고 끼어들기를 시도한다면 사람들은 어떤 반응을 보일까. 어떤 사람은 '차선을 옮기려는 걸 보니 차선을 잘못 탔나보네'라고 생각해 그 차가 먼저 가도록 양보해줄 것이다. 그 반면 '뭐가 저렇게 급하다고 끼어들어? 누군 급하지 않나. 아무리 급해도 그러면 안 되지'라고 생각하는 사람은 그 차가 끼어들지 못하도록 앞 차에 바짝 따라붙을 것이다. 또 어떤 사람은 '저 차가 왜 하필 내 앞에서 끼어드는 거야. 날 만만하게 보는 게 틀림없어'라는 생각에 화가 나서 상대 운전자에게 욕설을 퍼부을지도 모른다.

또 다른 예를 들어보자. 식당에서 음식을 주문하고 기다리는데 자신보다 늦게 온 옆 테이블의 손님이 주문한 음식이 먼저 나왔다. 이때 만약 '내 음식은 조리하는 데 시간이 오래 걸리나보네. 조금만 더 기다리면 곧 나오겠지'라고 생각하는 사람은 느긋하게 기다릴 것이다. 아니면 종업원을 불러 "음식이 조금 늦게 나오네요. 만드는 데 오래 걸리나요?"라고 물어볼 것이다.

또 어떤 사람은 '음식이 왜 이렇게 안 나오지? 혹시 주문이 안 들어간 게 아닐까?'라고 생각해 종업원에게 "주문 좀 확인해주시겠어요?"라고 부탁할 것이다.

하지만 이때 '아니, 바닷가로 생선을 잡으러 갔나. 도대체 왜 이렇게 안 나오는 거야. 우리가 싼 거 시켰다고 무시하는 거야?'라고 생각하는 사람은 종업원을 불러 불같이 화를 내거나 아예 자리를 박차고 나와 다른 식당으로 갈지도 모른다.

이렇듯 똑같은 상황에 처해도 그 상황에 대해 어떤 생각을 하느냐에 따라 사람들은 서로 다른 행동 양식을 보인다. '옆 차가 내 앞으로 끼어들었다'거나 '식당에서 내가 주문한 음식이 순서대로 나오지 않는다'는 상황 자체는 자신의 감정과 행동에 영향을 주지 않는다. 그때 그 상황에 대해 어떤 생각을 하느냐가 자신의 기분에 영향을 주고 그에 따른 행동도 달라지게 하는 것이다.

'옆 차가 차선을 잘못 탔나 보네' 혹은 '음식을 만드는 데 시간이 오래 걸리나 보네'라는 생각은 감정에 그다지 큰 영향을 주지 않는다. 하지만 '내 앞에 끼어들다니 날 만만하게 보나'라거나 '싼 거 시켰다고 무시하나'라는 생각은 감정에 부정적인 영향을 주어 화가 나게 하고 결국 공격적인 행동을 이끌어낸다.

어떻게 생각의 무게를 덜어낼 것인가

··· 우리는 어떤 상황이나 사람 때문에 기분이 좋아지거나 나빠진다고 생각하지만, 사실 우리 감정은 그 순간 우리가 하는 생각과 그 생각의 밑바닥에 깔려 있는 신념과 믿음에 영향을 받는다.

따라서 자기 마음의 무의식 속에 어떤 신념과 믿음이 잠재되어 있느냐를 깨닫는다면 자신이 주로 어떤 생각을 하는지 짐작할 수 있다. 생각은 우리 머릿속에서 잠깐 스쳐 지나가는 일시적인 것이므로 스스로 어떤 생각을 하는지 의식할 수 있다. 하지만 신념과 믿음은 우리 무의식 속에 뿌리를 내리고 있어 스스로 깨닫지 못하는 경우가 많다.

합리적 정서행동 치료를 창시한 심리학자인 앨버트 엘리스는 ABC 모델로 이를 설명했다. 우리는 '선행된 어떤 사건(antecedent)'에 대해 '신념과 믿음(belief)'을 갖고 있어 어떤 생각을 하게 되는데, 이것이 우리 감정과 행동에 영향을 주어 '결과(consequences)'로 나타난다는 것이다.

앞의 예에서 '내 앞에 끼어들다니 날 만만하게 보나'라는 생각이 드는 것은 '어떤 경우라도 다른 차 앞으로 끼어들어서는 안 된다'라거나 '모든 사람들은 교통법규를 올바로 지키고 매너 있게 운전해야 한다'는 '신념'을 갖고 있기 때문이다. 또한 '싼 거 시켰다고 무시하나'라는 생각 뒤에는 '식당에서는 반드시 손님이 주문한 순서대로 음식이 나와야 한다'는 무의식적인 '믿음'이 자리하고 있다. 이런 신념과 믿음이 부정적 생각을 하게 하고 결국에는 불쾌한 감정과 공격적 행동이라는 '결과'로 나타난다. 세상에는 매너 있게 운전하는 사람도 있지만 그렇지 않은 사람도 많다. 다른 차 앞으로 끼어들지 않는 것이 가장 좋겠지만 그렇지 않은 경우도 종종 있다. 마찬가지로 이 세상 모든 식당에서 주문한 순서대로 음식이 나오는 것은 아니다. 일행이 많은 손님이라면 주문을 먼저 했더라도 일행이 적은 다른 손님보다 음식이 더 늦게 나올 수도 있다. 또한 조리 시간이 오래 걸리는 음식이라면 그만큼 늦게 나올 수밖에 없다.

따라서 화가 나고 감정이 상하는 근본적인 이유는 옆 차가 끼어들거나 음식이 늦게 나와서가 아니다. 그때의 상황이 자신이 가진 신념과 믿음에 반하기 때문에 그 순간 '날 만만하게 보나'라거나 '날 무시하나'와 같은 왜곡된 생각이 드는 것이다.

이와 같이 내면 깊숙이 자리한 잘못된 믿음과 순간순간 머릿속에 떠오르는 부정적인 생각은 서로 매우 밀접한 관계가 있다.

잘못된 믿음을 가진 사람은 운전 매너가 좋지 않은 차량을 보거나 주문한 순서대로 음식이 나오지 않으면 부정적인 생각이 떠올라 기분이 나쁘고 화가 날 수밖에 없다.

그런데 무의식 속에 자리 잡은 믿음은 스스로 깨닫기도 어렵거니와 설사 깨닫는다고 하더라도 곧바로 긍정적으로 바꾸기는 결코 쉽지 않다. 하지만 그 믿음 때문에 순간적으로 떠오르는 생각은 반복적으로 연습하면 얼마든지 스스로 인지할 수 있다.

이 세상에는 온갖 유형의 사람들이 나와 다른 행동과 말을 하며 살아간다. 그런데 자신과 신념이나 생각이 다른 사람들과 마주칠 때마다 매번 스트레스를 받는다면 결국 정신적·육체적 건강을 해쳐 나만 손해를 볼 것이다.

"넌 네가 어떤 생각을 하는 사람인지 알고 있니?
너의 자기대화를 잘 관찰해봐.
어떤 상황에서(A) 어떤 자기대화를 하는지(B),
그리고 어떤 감정이나 기분을 느꼈는지(C) 말이야.
A-B-C 일기를 써보는 연습을 하면
제3자의 입장에서 자신을 관찰하는
습관이 생길 거야."

나는 왜 그렇게 생각했을까

앞서 설명한 ABC 모델에서 우리는 선행된 사건이나 상황에 대해 어떤 믿음을 갖고 있느냐에 따라 다른 생각을 하게 되고, 그 결과 긍정적이거나 부정적인 감정을 느껴 자신에게 도움이 되거나 해가 되는 상반된 행동을 한다는 사실을 알았다. 즉, A(상황)-B(생각, 믿음)-C(결과, 감정, 행동)의 순서를 거친다.

그런데 대부분의 사람은 자신이 부정적인 생각을 하고 그 결과 불편한 감정을 느껴 자신에게 해가 되는 행동을 한다는 것을 깨닫지 못한다. 자신이 어떤 사고 패턴을 가졌는지를 깨닫게 되면 자신의 생각을 '관찰'할 수 있고, 생각을 바꾸는 연습과 훈련도 할 수 있다.

따라서 평소에 자신이 어떤 생각을 자주 하는지를 알아보려면

A-C-B의 순서로 유추해보는 것이 도움이 된다.

왜곡된 사고 패턴이 불쾌한 감정을 만든다

.... 예를 들어 다음과 같은 상황을 떠올려보자. 아내가 남편에게 베란다에 널어놓은 빨래를 걷어 개달라고 부탁한다. 남편은 빨랫줄에 널어놓은 옷들을 걷어와 소파 위에 아무렇게나 던져놓고 스마트폰을 들여다보면서 하나씩 개기 시작한다. 아내는 대충대충 빨래를 개는 남편의 모습에 짜증이 나서 결국 이렇게 쏘아붙인다.

"그렇게 대충 막 개면 어떡해? 스마트폰은 지금 꼭 봐야 해? 내가 뭘 부탁하면 당신은 어떻게 제대로 해주는 게 하나도 없어!"

이 상황에서 당신이 아내라고 가정하고 A-C-B 순서로 당신의 사고 패턴을 유추해보자.

A(상황) : 불쾌한 감정을 느낀 '상황'은 무엇인가? 어떤 상황에서 나의 기분이 불쾌해졌는가?
남편에게 빨래를 걷어 개달라고 부탁했는데 남편은 스마트폰에 정신이 팔려 빨래를 대충대충 갰다.

C(결과, 감정, 행동) : 그 상황에서 나는 어떤 '감정'을 느꼈는가? 그 감정은 어떤 말과 행동으로 나타났는가?

짜증이 나고 화가 났다. 남편에게 불평하며 쏘아붙였다.

B(생각, 믿음) : 그 감정을 느끼기 바로 전에 나는 어떤 부정적인 '생각'
즉, 나 스스로에게 어떤 말을 했는가?
'왜 나만 동동거리며 집안일을 해야 하지? 남편에게 뭘 부탁하면 제
대로 한 적이 단 한 번도 없어.'

'집안일은 늘 저렇게 대충대충이지'라는 아내의 생각 뒤에는
'좋은 남편은 집안일을 함께 해야 한다'라는 무의식적 믿음이 존재
한다. 또한 '함께 한다'는 것이 아내에게는 '스마트폰 같은 다른 데
정신 팔지 않고 빨래 개는 데만 집중하는 것'을 뜻한다. 따라서 남
편은 집안일을 함께 했다고 생각하지만 아내는 자신이 원하는 것
과 다르기 때문에 결국 이에 만족하지 못하고 불쾌한 감정을 느끼
는 것이다.
　여기서 아내의 생각은 왜곡된 사고 패턴 가운데 '이분법적 사고
하기'와 '일반화하기'에 해당한다.
　이분법적 사고하기는 남편이 아내가 원하는 대로 적극적으로 집
안일에 나서지 않았으므로 아무리 깔끔하게 빨래를 정리했어도
'제대로' 일을 한 게 아니라는 것이다. 즉, 적극적으로 집안일을 하
는 것은 '제대로 한 것'이고, 지금처럼 다른 일을 같이 하며 돕는 것
은 '제대로 하지 못한 것'으로 양분해 생각하는 것이다.
　일반화하기는 이번에 한 번 남편이 아내가 원하는 방식대로 일하

지 않았다고 해서 '남편에게 뭘 부탁하면 제대로 한 적이 단 한 번
도 없어'라는 결론을 내리는 것이다.

이런 왜곡된 사고 패턴을 되풀이하게 되면 맞닥뜨리는 상황마다
불쾌한 감정이 계속 쌓이고 결국 아내는 일상생활에서 불필요한
스트레스를 받을 것이다.

이 감정은 '어떤 생각' 때문에 생겨났을까

이렇게 왜곡된 '생각'이
불쾌한 '감정'으로 이어져 스트레스를 일으키기 전에 스스로 자신
의 건강하지 못한 사고 패턴을 인지하고 부정적인 생각을 중단해
좀 더 현실적이고 건강한 생각으로 바꾸는 것이 중요하다.

분노나 불안 등 불편하거나 불쾌한 감정이 들기 시작하면 감정이
느껴지는 대로 곧바로 반응하기보다는 내가 왜 지금 이런 감정이
느껴지는지 그 이유를 생각해봐야 한다.

그리고 감정의 불쾌한 정도가 더 심해지지 않도록 그런 감정을
일으킨 부정적인 생각을 인지해 '차단(interrupt)'한다. 생각을 차단
한 뒤에는 '수리'또는 '재조정(recondition)'해 좀 더 긍정적인 생
각으로 대체한다. 이런 과정을 반복 연습하다보면 자신의 감정을
조절하는 능력을 키울 수 있다. 즉, 감정·생각·차단·재조정 과정이
이루어져야 한다. 앞서 말한 사례로 다시 돌아가보자.

1. 남편이 빨래 개는 모습을 보고 짜증이 나고 불쾌한 '감정'이 든다.

2. 감정이 느껴지는 순간 그 바로 전에 무슨 '생각'을 했는지 되돌아
    본다.
3. '집안일은 늘 저렇게 대충대충이지'라는 생각을 했다는 걸 깨닫고
    이는 왜곡된 사고임을 인지한다.
4. 이 사고 패턴을 계속 발전시키지 않도록 생각을 즉시 '차단'한다.
5. 왜곡된 생각을 '재조정'한다('급한 볼일이 있어 스마트폰을 볼 수도
    있지. 그래도 저렇게 같이 하는 게 어디야. 좀 엉성하긴 해도 노력하는
    마음이 고마운 걸').

  남편이 자신과 동등하게 집안일을 분담해야 한다는 생각을 좀 더
현실적인 생각으로 바꾸는 것이다(어디까지나 아직은 많은 가정에서 가
사 분담이 제대로 이뤄지지 않는 현실에서 말이다). 이처럼 생각을 '수리'
하면 감정도 좀 더 긍정적으로 변화할 것이다.

  앞서 말했듯 인지행동 치료는 자신의 잘못된 사고 유형을 '인지'
해 차단과 재조정을 거쳐 '행동'을 변화시키는 것이 목적이다. 그
리고 재조정까지의 과정을 여러 번 반복함으로써 궁극적으로는 무
의식 속에 뿌리 깊게 자리 잡고 있는 잘못된 믿음까지 변화시킨다.
  앞으로 임상 사례는 다르지만 이에 대처하는 방법으로 감정·생
각·차단·재조정 과정이 여러 차례 소개될 것이다. 얼핏 유사한 연
습과 훈련을 반복해서 보여준다고 느낄 수도 있겠지만 이는 그만
큼 중요하고 반드시 필요한 과정이다.

이 훈련 과정을 기억해 꾸준히 반복한다면 자기 스스로 변화가 느껴질 정도로 개선될 수 있다. 물론 그 과정은 결코 쉽지 않으며 끝없는 노력이 필요할 것이다.

그러나 지금보다 '조금 더' 행복하고 싶다는 희망과 바람 그리고 자신은 그런 삶을 살 만큼 꽤 괜찮은 사람이라는 스스로에 대한 믿음과 의지가 있다면 얼마든지 변화할 수 있다.

"어떤 감정이 느껴질 때
잠깐 생각을 멈추고 스스로에게 물어봐.
지금 무슨 생각을 했길래
그런 감정이 올라왔는지."

생각과 감정은 어떻게 다른가

CHAPTER 8

인지행동 치료의 근본 원리는 우리의 '생각'과 그 바탕이 되는 '믿음'이 결과적으로 '감정'과 '행동'에 영향을 주는 것이다. 따라서 불쾌한 감정과 부정적인 행동을 바꾸려면 가장 먼저 부정적인 생각을 스스로 인지하고 변화시키는 것부터 시작해야 한다. 이를 위해 생각과 감정의 차이를 이해하는 것이 절대적으로 중요하다.

나에게 도움이 되는 생각으로

생각은 우리 머릿속에 떠오르는 아이디어로 주로 단어나 그림, 이미지 등으로 나타난다. 예를 들어 우리는 배가 고플 때 '배고프다'는 말을 떠올리거나 먹고 싶은 음식을 그려보거나 그 음식을 먹는 모습을 상상한다.

그 반면 감정은 슬픔이나 기쁨, 분노, 불안, 두려움 등 정서적으로 느끼는 것이다. 감정은 자신의 의지와 상관없이 마음속에서 자연적으로 느껴지는 것이기 때문에 부정하거나 거부할 수 없다. 마치 생리현상처럼 피할 수 없는, 당연한 것으로 받아들여야 한다. 그러나 생각은 자신의 머릿속에서 떠오르는 것이기에 얼마든지 자기 의지에 따라 다른 것을 떠올릴 수 있다.

예를 들어 수십 명의 사람 앞에서 발표를 해야 하는 상황이라고 가정해보자. 많은 사람들 앞에서 모두의 주목을 받으며 말을 해야 한다면 정도의 차이는 있겠지만 누구나 긴장하기 마련이다. 긴장되는 상황에서 긴장하는 것은 지극히 자연스러운 감정이기에 "긴장하지 마"라고 감정을 부인할 수는 없다. 하지만 그 순간 머릿속에서 어떤 생각을 하고 있기에 긴장하는지 안다면 그 생각을 바꿔 긴장감을 풀 수 있다.

'중간에 할 말을 잊어버리면 어쩌지?' '분명히 실수하고 말 거야.' '망치면 어떻게 하지?' '사람들이 전부 비웃을지도 몰라.'

이와 같이 부정적인 생각을 계속한다면 어떤 기분이 들겠는가? 아마도 점점 더 불안해지고 두려워져 그 자리에서 도망쳐버리고 싶을 것이다. 그렇다고 무작정 "떨지 말자, 떨면 안 돼"라고 한다고 해서 떨리던 마음이 당장 멀쩡해지지는 않는다.

그러면 반대로 긍정적인 생각을 한다면 어떨까? '떨리는 건 당연해. 이런 상황에서는 누구나 긴장할 거야.' '좀 떨어도 괜찮아.' '이제까지 연습을 많이 했으니까 잘 할 수 있을 거야.' '꼭 완벽하지 않아도 돼. 조금 서툴러도 준비한 대로만 하면 돼.' '오늘 이 시간을 잘 보내면 새로운 경험이 쌓여 좀 더 발전할 수 있을 거야.'

이처럼 생각을 바꾸면 긴장했던 마음이 조금 안정되면서 한번 부딪치고 도전해보려는 의지가 생길 것이다.

우리가 어떤 생각을 하느냐에 따라 감정도 함께 달라진다. 나아가 생각을 바꾸려는 노력을 꾸준히 반복하다 보면 결국엔 자신의 내면에 무의식적으로 자리하고 있는 '나는 완벽한 발표를 해야 한다'와 같은 믿음도 점차 바꿀 수 있을 것이다.

생각은 우리 감정뿐만 아니라 몸에도 영향을 끼친다. 우리는 어떤 생각을 하고 어떤 감정을 느끼느냐에 따라 입맛이 당기기도 하고 떨어지기도 한다. 또한 술과 담배를 찾거나 정크푸드를 먹는 등 잘못된 스트레스 해소 방법을 찾기도 한다.

스트레스를 받으면 우리 몸속에는 코르티솔(cortisol)이라는 스트레스 호르몬이 분비되는데, 이 호르몬은 우리 몸이 에너지를 만들어낼 수 있도록 체내 혈당을 높여준다. 코르티솔이 증가하면 숨이 가빠지고 입술이 마르고 식은땀이 흐르고 몸이 떨리는 등 우리 몸에 변화가 오며 두통이나 어지러움, 근육 기능 저하, 심장박동 급증, 구토, 면역 기능 저하 등과 같은 증상이 나타날 수도 있다.

이때 높아진 혈당이 적당한 운동을 통해 에너지원으로 사용되지 않으면 더욱 심각한 신체 증상이 나타나 소화불량과 근육통, 기억력 저하 그리고 심할 경우 심장마비로까지 이어질 수 있다. 따라서 우리의 정신 건강뿐 아니라 신체 건강을 위해서도 우리에게 도움이 되고 건강한 생각을 해야 한다.

인지행동 치료는 사람들이 왜곡된 사고 유형에서 벗어나 좀 더 현실적인 사고를 하도록 돕는 데 중점을 둔다. 그렇다고 해서 무조건 부정적인 생각을 다 없애고 항상 긍정적인 생각만 해야 하는 것은 아니다.

스스로 부정적으로 사고하고 있음을 인지하는 데 익숙해지면 연습을 통해 상황에 적절하고 현실적이며 건강한 생각으로 바꾸는 것이 가능하다. 또한 반복 연습을 통해 꾸준히 훈련하다보면 우리 내면의 잘못된 믿음도 서서히 변화해 정신적으로 더욱 건강하고 긍정적인 삶을 살 수 있을 것이다.

"사람들은 누구나 왜곡된 사고 패턴으로
생각을 할 때가 있어.
이런 생각은 스트레스를 불러 일으키는
건강하지 않은 생각이야.
하지만 '내가 이런 생각을 하고 살았구나' 하고
자신의 잘못된 사고 패턴을 깨닫는 그 순간이
건강한 생각을 위한
가장 중요한 시작점이 될 거야."

소중한 이에게 하듯 나를 대하라

언제부터인가 통신기기의 진화 속도가 급속도로 빨라진 것을 느낀다. 특히 그중에서도 SNS의 경우 예전과는 또 다른 소통 문화를 열어주었고, 그 결과 누구나 쉽게 다른 사람들의 삶을 들여다볼 수 있는 세상이 되었다.

사람들은 SNS에 단 한 장의 사진을 올리려고 다양한 각도와 표정으로 수없이 사진을 찍고, 그중 가장 잘 나온 사진을 선별하거나 변형해 올린다. 즉, 자신의 하루 중 가장 행복하고 좋은, 때로는 슬픈 순간이더라도 남들에게 보이고 싶은, '가장 잘 나온' 자신의 일상만을 솎아내는 검열 과정을 거친 후에야 다른 사람들 앞에 내놓는다.

이처럼 온라인상에 보이는 내용은 사실 그 사람의 전부가 아닌 하나의 아주 작은 단면일 뿐이지만, 이런 검열 덕분에 마치 그 사람은 항상 멋진 모습을 하고 화려한 곳에서 좋은 음식만 먹으며 매일 행복한 인생을 사는 듯한 착각 효과를 준다.

SNS 상에서 상대방의 멋지고 행복해 보이는 사진을 보며 사람들은 부러운 마음을 느끼기도 하고 "아, 나도 저런 건 언젠가는 꼭 해봐야지"라거나 "지금부터 열심히 돈 모아서 나도 꼭 저곳으로 여행을 가봐야지"와 같은 긍정적인 동경이나 동기부여로 삼기도 한다.

그런데 어떤 경우에는 단순한 부러움에 그치는 것이 아니라 상대적 박탈감과 자기 비하로 이어지기도 한다. 예를 들어 "아, 저 사람 인생은 부족한 점 하나 없이 완벽하구나" "저런 사람은 아무런 걱정이 없겠지?"와 같이 남들이 가진 좋은 점을 지나치게 미화해서 바라보는 것이다. 혹은 완벽해 보이는 타인의 삶과 자신의 처지를 비교하며 "저 사람에 비하면 내 인생은 정말 보잘것없고 형편없어. 난 아무런 희망이 없어" "새로운 일을 다시 시작하기에 난 너무 늦었어"와 같이 스스로 심한 자책과 자기 비하를 하며 우울감에 빠지기도 한다.

30대 여성인 P씨에게는 어릴 때부터 함께 자란 친구가 있었는데, 서로 친구 사이인 부모님 때문에 그들도 자연스럽게 친구가 되었다. 그러나 P씨는 어려서는 자신과 비슷한 환경과 위치에 있다고 생각했던 친구가 나중에는 더 좋은 대학을 가고, 졸업 후 사회에서는 더 좋은 직장에 취직하고, 결국엔 더 멋지고 좋은 약혼자가 생기는 것을 보며 상대적으로 보잘것없는 자신에 대해 큰 우울감을 느꼈다. 그녀는 몇 번 연애도 해봤지만 항상 폭력적 성향을 가진 남자를 만나자 그런 자신의 처지를 비관했다.

P씨는 온종일 틈날 때마다 SNS를 하며 수시로 친구의 일상을 관찰했는데, 멋진 사진들을 볼 때마다 친구의 완벽해 보이는 삶을 동경했다. 그리고 친구 앞에서는 둘도 없이 좋은 친구인 척 행동했지만 마음속으로는 스스로도 감당할 수 없을 정도로 강한 시기와 질투, 심지어는 친구가 잘 안 되면 좋겠다는 저주의 감정마저 느꼈다. 하지만 그런 자신의 모습에서 점점 더 심한 자책감과 자기혐오, 우울감을 느끼며 괴로워했다.

상담을 하면서 바라본 그녀의 모습은 상당한 외모에 무척 똑똑한 여성이었지만, 그녀는 자신의 장점을 스스로 알아보지 못했다.

사실 겉으로 보기에는 항상 좋고 행복해 보이는 사람이라도 일상에서는 누구나 말 못 할 힘든 일들이 있을 수 있다. 그러나 스스로 불행감을 크게 느끼는 사람일수록 자신 이외의 다른 사람들은 모두 아무런 걱정 없이 행복할 거라는 왜곡된 생각을 하는 경향이 있다.

이와 같이 다른 사람들의 장점이나 업적은 지나치게 크게 보고 단점이나 잘못은 축소시키거나, 반대로 자신의 장점은 축소시키는 대신 단점은 극대화하는 사고 패턴을 가리켜 '확대해석(magnification)' 또는 '축소해석(minimization)'이라고 한다.

이런 사고 패턴을 가진 사람은 대개 과장된 언어를 사용하며 '이중 기준'을 갖고 있다. 즉, 자신에게는 지나치게 엄격하고 혹독한 기준을 적용해 작은 실수에도 그보다 더 큰 비판을 하는 반면, 타인은 너그러운 시선으로 바라보며 작은 업적은 크게 보고 큰 실수나 잘못은 관대하게 여기는 것이다.

강의를 하다보면 학생들 중에도 팀 과제 등을 발표할 때 자신의 작은 실수를 크게 확대해석하며 지나친 자책과 걱정을 하거나, 자신을 다른 사람들과 비교하며 스스로 지나치게 위축되는 학생들이 적지 않다.

팀 과제를 발표할 때마다 적극적으로 발표를 이끌어가는 다른 팀원들과는 달리 항상 구석에서 자신 없고 소극적인 모습을 보이던 한 학생이 있었다. 강의 시간 뒤 개인적으로 면담하던 자리에서 팀원 전체가 다 함께 참여해야 한다는 점을 강조하자 그 학생은 손사래를 치며 "전 다른 친구들처럼 잘하지 못해요. 제가 하면 다 망칠 거예요"라고 말했다. 이렇게 자신을 타인과 비교하며 다른 사람들은 '원래 뛰어난' 능력이 있지만 그에 비해 자신은 '보잘것없고 하찮은' 사람으로 여기는 것은 확대해석과 축소해석의 전형적인 사고 패턴에 해당한다.

특히 완벽주의적 성향을 가진 사람의 경우 이런 왜곡된 사고를 하기 쉬운데, 다른 사람들이 보기에는 이들의 행동이 마치 괜한 엄살이나 호들갑을 떠는 것처럼 보이기도 한다. 예를 들어 아무것도 아닌 아주 사소한 실수에도 "나 완전 바보야" "나 미쳤나봐!" "완전 망쳤어" 등과 같이 과장된 반응을 보이는 것이다. 이때 자신의 실수나 잘못을 크게 부풀려 말하고 지나치게 속상해하는 이런 행동 뒤에는 사실은 주변 사람들에게 해명하고 싶어 하는 욕구가 숨어 있다. 제3자가 보기에는 아무것도 아닌 작은 실수를 '완전 바보 같은'

'미친' '말도 안 되는' 잘못이라고 극대화해 말함으로써 역설적으로 사실은 '나같이 완벽한 사람에게는 거의 일어나지 않는 일'이라는 메시지를 전달하려는 것이다.

즉, '사실 나는 원래 모든 면에서 거의 완벽한 사람이라 이런 말도 안 되는 실수를 하는 경우는 극히 드물다. 그러니 내가 이렇게 크게 속상해하는 모습을 보여야만 사람들은 내가 이런 실수를 평소에는 거의 하지 않는다는 것을 알 것이다'라는 속뜻이 담겨 있다.

이와 같은 완벽주의 성향의 사람들은 스스로 자신의 실수를 용납하는 것을 힘들어하기 때문에 작은 실수에도 끊임없이 스스로를 채찍질하고 비판하면서 '완벽'의 상태에 도달하고 싶어한다.

왜 스스로에게는 그토록 혹독한가

확대해석과 축소해석 사고 패턴을 가진 사람들은 타인에게는 너그럽지만 유독 자신에게만은 혹독한 비판을 하는 이중적 성향이 있다.

예를 들어 입사시험 면접 시간에 지각하는 바람에 면접시험을 보지 못했다고 가정해보자. '나 완전 망했어' '난 이제 앞으로 영영 취직할 수 없을 거야'라는 생각이 들며 심한 자책감과 자괴감을 느낄 수 있다. 만약 똑같은 이유로 면접을 보지 못해서 괴로움을 호소하는 친구가 있다면 그 친구에게 어떤 말을 해줄 것인가? 자신과 똑같이 "너 완전 망했어" "넌 이제 앞으로 영영 취직할 수 없을 거아"라고 혹독하게 비판할 것인가? 그 친구와 원수가 되고 싶지 않은 한 그런 말은 할 수 없을 것이다.

그렇다면 원수가 될 수도 있는 비판의 말을 자신에게는 왜 아무 거리낌 없이 퍼붓고 있는가? 타인에게는 너그러운 태도를 보이면서 왜 스스로에게만 엄격한 잣대를 들이대고 있는가? 왜 똑같은 상황인데 타인과 자신에게 각각 다른 기준을 적용하는가? 만약 모든 사람들에게 공평하게 똑같은 기준을 적용해야 한다면 너그러운 잣대와 엄격한 잣대 중 어떤 기준을 사용할 것인가?

혹은 반대로 지금 이런 상황에 있는 나를 보며 내 친구가 어떻게 생각하고 어떤 말을 할지 생각해볼 수도 있다. 그 친구는 나에게 비판적인 태도를 보일까? 아니면 나를 위로하고 용기를 북돋워주려고 노력할까?

대부분의 친구는 힘든 상황에 있는 내게 위로의 말을 건네고 용기를 주고 싶어할 것이다. "내 친구들 역시 아마 날 심하게 비판할 것"이라고 말하는 사람들도 간혹 있지만, 이런 생각은 대개 근거 없는 혼자만의 잘못된 추측일 가능성이 높다.

때로는 타인보다 자신에게 더욱 엄격한 기준을 적용하는 것은 당연하다고 말하는 사람들도 있다. 그렇다면 타인은 완벽하지 않아도 되지만, 유독 자신만은 모든 일을 완벽하게 해야만 한다는 완벽주의자적 사고를 강박적으로 하고 있지는 않은지 생각해볼 필요가 있다.

만일 "나 자신에게 엄격한 기준을 갖고 혹독한 비판의 채찍을 들어야 자극이 돼서 더 잘할 수 있어요"라고 말하는 사람이 있다면 그건 큰 착각을 하고 있는 것이다. 우리는 "너 완전 망했어"라거나 "넌 정말 형편없어"라는 비판의 말을 들으면서 내면에서 더 잘해야 겠다는 마음과 의욕이 절대로 생기지 않는다.

무의식적으로 자신을 코너로 몰고 있다는 것을 모르고 있을 뿐이다. 지금부터라도 타인에게 관대한 만큼만이라도 자기 스스로에게 관대해지려고 노력해보자.

"친구에게 하지 않을 거친 말은
네 스스로에게도 하지 마."

나는 생각보다 '썩 괜찮은 사람'입니다

'겸손은 미덕이다'라는 말은 동서양의 차이가 없는 진리다. 자기 입으로 잘난 체를 하는 사람보다는 자신을 낮추는 겸손한 사람에게 존경심이 더 생기는 것은 어찌 보면 당연한 일일 것이다.

사회적으로도 존경받는 성공한 리더들을 보면 한 가지 공통점이 있다. 바로 높은 자존감과 자신감이 있지만 겸손하다는 것이다.

앞서도 설명했듯 자만심은 자존감이나 자신감과는 거리가 멀다. 자존감이 높고 겸손한 사람은 스스로의 단점이나 한계를 인정하고 극복하려고 노력하며, 자신이 성취해낸 업적도 '우리 모두 함께' 해낸 것이라고 주변으로 공을 돌린다.

그 반면 자만심에 가득 찬 사람은 자신의 한계를 감추거나 피하려며 항상 자신을 먼저 내세우기 때문에 여러 사람이 함께 이룬 성공이라도 '내'가 해낸 것이라고 말한다.

이처럼 자기 자랑을 일삼는 사람은 동서양을 막론하고 주변 사람들에게 좋은 평판이나 진심 어린 존경을 받지 못한다. 남들에게 충분히 인정받을 수 있는 성공을 이루었더라도 자기 스스로 여기저기 자랑하고 다니는 이런 사람들은 외면적인 모습과는 다르게 내면적인 자존감은 매우 낮은 경우가 많다.

겸손한 사람과 잘난 체하는 사람의 안을 들여다보면 겉으로 보이는 모습과는 정반대 모습을 보인다. 겉으로 겸손할 수 있는 사람은 내면적으로는 자기 자신에게 겸손하지 않다.

즉, 자기 스스로에 대한 칭찬에 인색하지 않고 자신이 이루어낸 일에 대해 긍정적으로 평가하고 받아들여 건강한 자존감을 유지한다. 이들은 스스로에 대한 확신과 자신감이 있기 때문에 굳이 타인에게 자신을 과장해 어필할 필요를 느끼지 않는다. 또한 매번 타인의 인정을 확인받아야 할 만큼 열등감이 크지 않기 때문에 굳이 나서서 자기 자랑을 먼저 하지 않는 것이다.

그러나 시도 때도 없이 자기 자랑을 늘어놓는 사람은 반대로 자존감이 낮다. 즉, 겉으로는 자기 칭찬(자랑)에 인색하지 않지만 내면적으로는 자기 자신에게 항상 부정적이다.

이들은 자신의 뛰어난 점을 다른 사람들에게 조금이라도 더 드러내 보임으로써 자신의 열등감을 숨기려 한다. 또한 다른 사람들이 자신을 무시할지 모른다는 불안한 마음을 갖고 있기 때문에 미리 자기 자랑을 늘어놓아 '나는 너보다 더 나은 사람이야'라는 메시지를 주려 한다.

이른바 잘난 체하는 사람들 중에는 낮은 자존감에서 오는 불안감을 감추려 다른 사람을 이용하는 경우도 있다. 영어로 '네임드로퍼(name-dropper)'라고 부르는 이런 사람들은 대화 도중 대화 주제와는 아무런 상관이 없는, 사회적으로 성공해 영향력이 있거나 남다른 능력이 있는 주변인들의 이름(name)을 던진다(drop).

이처럼 자신과 직간접적으로 연관 있는 사람들의 이름을 대며 지나친 자부심을 느끼고, 마치 그들의 영향력이나 능력을 자신이 발휘할 수 있기라도 한 듯 그들과의 관계를 과시한다.

이들은 언뜻 겉모습만 보면 당당하고 자신감이 큰 듯 보이지만 사실은 다르다. 자존감이 낮기 때문에 영향력 있는 다른 사람의 이름을 팔아 자신의 위치를 높이려 하는 것이다.

이런 행동 뒤에는 두 가지 목적이 있다. 첫 번째는 위협적인 상대방에게 '나는 이처럼 영향력이 있거나 능력 있는 사람들과 안면 또는 친분이 있을 만큼 잘나가는 사람이다'라는 강한 인상을 남겨 사람들의 관심을 얻고 심리적인 우월감을 가지려는 것이다. 두 번째는 자신이 열등감을 느끼는 상대방에게 자신의 존재를 무시당하지 않으려는 것이다. 이는 상대에게 무시당할까봐 두려운 마음에서 비롯된다.

만약 자신이 자기 자랑하는 것을 즐기거나 남의 이름을 들먹이는 네임드로퍼라면 주변 사람들이 겉으로 직접 표현하지는 않을지라도 그런 모습을 그리 달가워하지 않는다는 것을 깨달아야 한다.

이제부터라도 발설의 욕구를 참고 견디는 연습을 하길 권한다. 자신의 이야기를 늘어놓기보다는 상대방의 말에 좀 더 집중하고 귀 기울이는 노력을 해보자. 그리고 남의 것이 아닌 자기 자신이 갖고 있는, 순전히 내 것이라고 할 수 있는 나의 장점과 능력은 무엇인지 고찰해보자. 자신의 장점을 찾아 스스로를 긍정적으로 바라보는 시간을 가져보는 것이다.

독이 되는 겸손도 있다

.... 자존감이 낮은 사람들 중에는 이와 같이 겸손과는 거리가 먼, 잘난 체하는 사람도 있지만, 반대로 겸손이 지나친 사람도 있다.

예를 들어 다른 사람에게 칭찬을 들었을 때 지나치게 자기 자신을 깎아내리거나 자신이 이루어낸 것마저도 부정하면서 지나친 겸손을 보이는 것이다.

이런 사람들은 겉으로 보기에는 겸손한 듯 보이지만 튼튼한 자존감에서 비롯된 건강한 겸손이 아닌, 내면적으로 자존감을 병들게 하는 독이 되는 겸손이다.

대학생인 R군은 인사성도 유난히 밝고 겸손함이 몸에 밴 듯 보였다. 그는 중고 옷을 싸게 사서 개성 있게 리폼해 입고 다니며 자신만의 독특한 패션 감각을 뽐냈다.

내가 독특한 옷차림에 대해 물어보면 그는 눈을 반짝이며 한참을 설명하다가도, 솜씨가 보통이 아니라고 칭찬하면 그 즉시 손을 내저으며 "이건 별거 아니에요" "좀 이상해 보이죠? 저도 잘 알아요" 라며 지나칠 정도로 부정했다.

이렇게 매사에 자신의 장점을 깎아내리는 사고 패턴을 가리켜 '장점 저평가(discounting the positive)'라고 하는데 언뜻 보면 겸손한 것처럼 보이지만 사실은 자신의 장점을 부정하는 것이다. 이런 사고 패턴을 자주 하는 사람들은 다른 사람이 자신에 대해 칭찬하거나 좋은 점에 대해 말하는 것을 매우 불편해하고 어색해한다. 대개 어렸을 때 부모에게 칭찬을 충분히 받지 못하고 자란 경우가 많으며, 스스로 자신의 장점이 무엇인지 잘 알지 못한다. 또한 무언가 성취했을 때도 스스로의 노력이나 재능 때문이라고 생각하는 것이 아니라 '어쩌다 운이 좋았다'라며 외부 요인으로 그 원인을 돌리거나 '별일 아닌 것'이라는 말로 아예 무시해버린다.

이와 같이 자신의 장점마저 받아들이지 못하고 부정해버리는 지나친 겸손은 자신의 능력을 스스로 인정할줄 아는 건강한 자존감에서 비롯된 겸손과는 차이가 있다.

장점은 무시한 채 자신의 단점만 집중해서 바라보기 때문에 '나는 잘하는 것이 없다' '나는 장점이 없다'는 생각과 믿음이 고착화되고, 이는 결국 낮은 자존감으로 이어진다.

그렇다면 건강한 겸손이란

.... 건강한 겸손은 무조건 자신을 낮추는

것이 아니라 누구든지 동등한 인격체로 대하는 것, 그리고 인간이라면 누구나 상대방에게서 배울 것이 있다고 믿는 겸허한 자세를 갖고 있음을 의미한다. 건강한 겸손을 지닌 사람은 나이나 경제적 능력 등을 앞세워 상대에게 군림하려 들지 않으며, 어린아이에게서도 배울 점이 있다고 믿는다.

자신의 단점을 알고 스스로 완벽하지 않은 부족한 인간임을 인정하지만 자신을 존중하는 높은 자존감을 갖고 있기 때문에 자기 자신을 가치 없는 사람, 못난 사람이라고 질책하는 사람과는 차이를 보인다.

체면을 중시하는 우리나라에서는 상대방이 호의를 베풀더라도 처음 몇 번은 거절하는 것이 예의처럼 인식되어 있고, 칭찬을 받으면 아니라며 부정하는 모습을 보이는 것을 겸손으로 받아들인다. 그러나 그렇다고 해서 상대방의 칭찬을 부정할 필요는 없다. 다만 진심을 다해 감사한 마음을 표하고 칭찬을 받아들이면 되는 것이다. 아무리 예의상의 겸손이라도 칭찬받아 마땅한 자신의 장점을 스스로 부정한다면 자존감에 부정적인 영향을 끼칠 수 있다.

R군은 상담을 하며 옷뿐 아니라 장점이 될 만한 자신의 다른 성과에 대해서도 지나치게 부정하는 장점 저평가 사고 패턴을 보였다.

나는 그가 자신의 장점을 있는 그대로 인정하고 받아들일 수 있도록 다음 상담 시간까지 주변의 가족과 친구들에게 자신의 장점이 무엇인지 설문조사를 해 되도록 많이 적어올 것을 요구했다.

다음 상담 시간에 만난 R군은 쑥스러운 듯 리스트를 적은 종이를 조심스레 꺼냈다.

그가 내민 종이에는 '창의적이다' '유머감각이 있다' '독특하다' '정직하다' '친절하다' 등 많은 장점이 적혀 있었다. 그는 여전히 어색해했지만 자신의 장점이 의외로 많다는 데 놀란 듯했다. 이처럼 장점 저평가 사고에 익숙한 사람은 자신의 장점에 대해 한 번도 제대로 인정해본 적이 없기 때문에 주변 사람의 도움을 받는 것이 효과적이다.

이런 성향의 사람은 대부분 스스로 장점 리스트를 작성하게 하면 몇 개 적지 못하고 무척 힘들어한다. 간혹 자신은 아무런 장점이 없다고 말하는 사람도 있다. 주변의 도움으로 자신의 장점 리스트를 작성해도 이들에게 장점은 장점이 아니라 '누구나 갖고 있는 당연한 것'으로 생각되기도 한다.

따라서 이때는 이 '누구나 갖고 있는 당연한 장점'을 갖고 있지 않은 사람들이 주변에 있는지 생각해보는 것이 도움이 된다.

예를 들어 다른 사람의 이야기를 경청하는 장점을 가진 사람이 스스로 이를 장점이라고 생각하지 않는다고 하자. 그러면 그가 알고 있는 사람들 중 남의 이야기는 안 듣고 혼자 떠들기를 좋아하는 사람이 있는지, 그런 사람을 본 적이 있는지 장점 리스트 옆에 자세히 적어보는 것이다.

이와 같은 연습을 반복한다면 처음에는 자신의 장점을 인정하는 것을 어색해하고 어려워하던 사람들도 나중에는 거부감 없이 자연스럽게 자신의 장점을 받아들이게 된다.

자신감이 떨어질 때마다, 혹은 어려운 상황에 처해 '역시 난 안 돼'라는 생각이 들어 포기하고 싶을 때마다 주변 사람들의 도움으로 작성한 장점 리스트를 찾아 나의 장점이 무엇인지 읽어보자.

나는 내가 생각하는 것보다 그래도 '썩 괜찮은 사람'이다. 나의 장점을 부정하지 말고 인정하며 스스로에게 후한 점수를 주는 데 인색하지 말자. 다른 사람에게는 겸손하되, 내면적으로 나 스스로에게는 겸손하지 않은 모습은 내 자존감을 한 뼘씩 더 자라게 할 것이다.

"다른 사람에게서
괜찮은 사람이란 말을 듣길 기대하기보다
네 스스로를 칭찬해줘.
'난 완벽하진 않지만
그래도 썩 괜찮은 사람' 이라고."

망쳤다고 성급히 단정짓지 말자

CHAPTER 11

내가 살고 있는 도시는 유색인종이 많지 않은, 백인이 현저히 많은 지역이다. 이곳 오하이오 주로 이사를 오기 전에는 유색인종을 흔하게 볼 수 있는 뉴욕과 캘리포니아에서 살았기 때문에 처음에는 어딜 가도 동양인이 거의 없는 지금의 환경이 무척 낯설었다.

마찬가지로 오하이오 주 토박이로 평생을 살아온 이곳 백인들 역시 동양인 여교수인 나와의 대면을 처음에는 낯설어하거나 불편해하는 듯한 느낌을 받았고, 그중에는 인종차별적인 언행을 보이는 사람도 종종 있었다.

몇 번 그런 일이 반복되다보니 어떨 때는 '이곳 백인들은 아마 대부분 인종차별주의자일 거야'라는 생각이 들기도 했다. 그러나 친절하고 열린 마음을 가진 백인들을 많이 알게 되면서 그런 생각이 왜곡되었다는 사실을 깨닫는 데는 그리 오래 걸리지 않았다.

그때도 그랬으니 이번에도 그럴 거야

몇 번 비슷한 일이 반복해서 일어나면 사람들은 대개 그 안에서 일종의 공통점이나 일관된 규칙을 찾아내려는 심리가 있다. 논리적이지는 않더라도 자기 나름대로 단순화된 설명을 찾아내고 나면 불확실성이 사라지면서 한결 마음이 편해지기 때문이다.

이렇게 한 번 일어난 일을 근거로, 혹은 우연히 유사한 일이 몇 번 일어났을 때 '그때도 그랬으니 또 그럴 것이다'라거나 '이렇게 비슷한 일이 일어나는 걸 보니 분명 이건 이런 의미일 거야'라며 추측성 결론을 내리는 것을 가리켜 '지나친 일반화' 또는 '과잉 일반화'라고 한다.

이런 일반화는 많은 사람들이 흔히 저지르는 인지적 오류로 다양한 형태로 나타난다. 예를 들어 특정 인종이나 종교, 지역 등과 관련된 한두 건의 경험을 바탕으로 '특정 지역 출신은 이러이러하다' '특정 종교를 가진 사람은 테러리스트일 확률이 높다' 등과 같은 일반화를 시키는 것이다.

이런 과잉 일반화의 인지적 오류가 자기 자신을 향해 반복적으로 일어나게 되면 낮은 자존감으로 이어질 수 있다.

어떤 부정적인 경험을 했을 때 이런 경험이 앞으로도 계속해서 일어날 거라는 근거 없는 예측은 결국 의욕을 떨어뜨리며, '역시 나는 안 돼'와 같은 자기 능력이나 잠재력에 대한 부정으로 나타나기 때문이다.

과잉 일반화 사고 패턴을 반복하게 되면 우리는 모두 자신 없는 사람이 될 것이다. 단 몇 번의 실수를 했을 뿐인데 "난 항상 이 모양이야"라고 자책하거나 직장 상사나 동료에게 몇 번 지적을 듣고는 "사람들은 다 날 우습게 알고 만만하게 봐"라고 결론짓거나, 면접에 단 한 번 떨어졌는데 "역시 난 면접 체질이 아닌가봐. 앞으로 영영 취직하긴 글렀어"라고 하는 식이다.

단 한두 번의 경험으로 모든 것을 완전히 단정지어버린다면 '나는 완벽해야 한다' 또는 '내 인생은 완벽하게 좋아야 한다'는 비현실적인 기대를 하는 셈이다.

우리는 매일 수많은 일을 경험한다. 그리고 우리에게 일어나는 많은 일은 서로 연관이 없는 별개인 경우가 대부분이다. 그러나 과잉 일반화를 하는 사고 패턴이 습관이 되어버리면 그 많은 일 중 사소한, 나중에 돌이켜 생각해보면 사실 별일이 아닌 단 한 가지의 일에 지나치게 큰 의미를 부여하게 되고, 결국 연관이 없는 다른 일에도 영향을 끼치게 된다.

30대 여성인 N씨는 유난히 자신감이 없고 콤플렉스가 많았다. 넉넉지 않은 가정형편 때문에 고등학교를 졸업한 뒤 바로 사회생활을 시작했지만 학업에 대한 미련이 남아 있어 학벌 콤플렉스가 있었고, 외모에 자신이 없어 코 성형수술을 했지만 여전히 외모 콤플렉스에 시달렸다.

그녀는 자신이 아직 결혼하지 못한 이유가 낮은 학벌과 예쁘지 않은 얼굴 때문이며, 길을 걸으면 지나가던 사람들이 모두 자신의 코를 쳐다보는 걸 느낄 수 있다고 말했다.

상담 일주일 전, 그녀는 친구 소개로 알게 된 남자와 데이트를 했지만 애프터 신청을 받지 못했다며 풀죽은 목소리로 이렇게 말했다.

"어떤 남자가 나 같은 여자를 좋아하겠어요. 남자들은 아무도 날 좋아하지 않아요. 난 결혼할 팔자가 아닌가봐요."

N씨가 하는 말을 살펴보면 과잉 일반화의 사고 패턴을 자주 사용한다는 것을 알 수 있었다.

우선 그녀는 자신의 일부일 뿐인 학벌과 외모가 마치 자신의 전부인 것처럼 일반화시켰다. 대학 졸업장이 있는 사람과 비교하면 그녀의 학벌이 더 낮은 것은 사실이지만, 그렇다고 해서 학벌이라는 단 하나의 요소가 그녀의 모든 것을 결정짓지는 않는다. 또한 길을 걷고 있는 그녀를 보며 어쩌다가 그녀의 코를 쳐다보는 사람이 있을 수도 있겠지만, 사람들이 '모두' 그녀의 코를 쳐다보는 것도 아니다.

단 몇 명의 남자로부터 연락을 받지 못했다고 해서 남자들이 '아무도' 그녀를 좋아하지 않는다고 말할 수도 없으며, 이런 경험을 바탕으로 그녀가 앞으로 결혼하지 못할 거라고 팔자를 운운할 수도 없다.

과잉 일반화의 사고 패턴을 자주 사용하는 사람은 이처럼 '항상'

'매번''언제나''꼭''절대''모두''아무(것)도'등의 말을 주로 써서 과거 한두 번의 경험을 바탕으로 앞으로 미래에 일어날 일에 대해 일반화를 시킨다.

"난 중요한 일은 꼭 망쳐""걘 단 한 번도 내게 잘해준 적이 없어""난 시험만 봤다 하면 매번 떨어져""난 이제 아무도 믿지 못하겠어"와 같이 어떤 가능성도 모두 차단해버리는, 절대적이고 완벽하길 기대하는 단어를 사용하는 것이다.

한쪽으로 치우쳐진 사고를 반복해 '항상''매번''무조건'그렇다는 생각을 하게 되면 그와 반대되는 경우는 간과하거나 묵살하게 되므로 희망이 없어지고 점점 자신감이 떨어지며 우울해질 수밖에 없다.

'어떤 때는, 가끔은, 때로는'
.... 내가 머릿속으로 반복해 되뇌고 있는 이 말이 사실이라는 증거와 사실이 아니라는 증거를 찾아 비교하고 대조해보는 것이 도움이 된다.

— '항상''매번''언제나' 이런 일이 일어난다는 나의 믿음과 생각을 뒷받침해주는 증거가 있는가?
— 한두 번 있었던 일만 갖고 성급하게 과장된 결론을 내리고 있지는 않은가?

─나는 중요한 일이 있을 때마다 '꼭' 망치는가? 아니면 실수할 때도 있지만 잘 해낼 때도 있는가?

─그는 '항상' 나에게 못되게 구는가? 이제까지 '단 한 번도' 나에게 잘 해준 적이 없는가? 아니면 나에게 잘 해줄 때도 있지만 때로는 그렇지 못할 때도 있는가?

─나는 시험만 봤다 하면 '매번' 떨어지는가? 아니면 내가 투자한 시간과 노력, 그날의 컨디션 등에 따라 결과가 좋을 때도 있고 그렇지 못할 때도 있는가?

─이 세상에 내가 믿을 만한 사람이 '단 한 사람도' 없는가? 아니면 내가 믿고 의지할 사람도 있지만 그렇지 않은 사람도 있는가?

'항상' '매번' '절대' '아무것도'와 같은 절대적 단어를 사용하는 대신 '어떤 때는' '가끔은' '때로는' '~할 때가 있다' '~ 인 것도 있다' 등과 같이 빈틈을 주는 융통성 있는 단어를 사용하도록 노력해보자.

즉, "난 잘하는 게 아무것도 없어"라고 하는 대신 "난 서툴고 부족한 것도 있지만 제법 잘 하는 것도 있어"라고 하고, "사람들은 다 날 싫어해"라는 절대적 부정의 말 대신 "어떤 사람들은 나와 생각이 다르지만, 때로는 나와 생각이 비슷한 사람들도 있어"라고 하는 것이다.

상대방과의 대화에서는 비난이나 비판을 하려 하지 말고, 상황을 있는 그대로 설명하려 노력하는 것 또한 중요하다.

예를 들어 약속 시간에 늦은 남자친구에게 "넌 만날 때마다 항상 늦어"라며 '항상'이라는 단어를 써서 비난의 말을 하는 대신 빈틈을 주는 단어를 사용해 객관적인 사실을 먼저 묘사한 뒤 ("네가 약속 시간에 늦을 때가 있는데") 그에 대해 느낀 나의 감정을 말하는 것이다 ("그러면 나는 화가 나" "실망스러워" "걱정돼" 등).

나는 N씨에게 지나가는 사람들이 모두 그녀의 코를 쳐다본다는 증거를 수집하도록 했다. 어떤 증거로 자신의 생각이 사실이라고 생각하느냐고 묻자 그녀는 잠시 생각에 잠기더니 "그냥 내 느낌이 그래요"라고 말했다.

누군가 다가와서 N씨의 코에 대해 직접적으로 물어본 적이 있느냐는 내 질문에 그녀는 고개를 가로저었다. 그러면 그녀가 이제까지 사귀었던 남자들 가운데 그녀를 좋아했던 남자가 있느냐고 묻자 예전에 사귀었던 몇몇 남자들의 이름을 대었다. 이에 나는 "그렇다면 남자들이 '아무도' N씨를 좋아하지 않는 건 아니네요"라고 말했다. 그녀는 이와 같은 연습을 통해 조금씩 자신의 왜곡된 과잉 일반화의 오류를 깨달아갔다.

건강한 자존감은 자신의 실수나 부족한 점을 인정하고 받아들이되, 이를 계기로 더 나아지고 발전하는 것이다. 누구나 살다보면 때로는 좋은 일도 있고 그렇지 않은 일도 있는 게 정상이다. 인생이라는 그림을 그리다가 잘못된 색을 칠하거나 조금 번졌다고 해서 그 그림을 망쳤다고 성급히 부정적으로 단정 짓지는 말자.

다른 색으로 더 멋있는 그림을 그려나갈 수도 있고, 어쩌면 또 비숱한 실수를 반복할 수도 있겠지만 결국엔 아름다운 그림으로 완성할 수 있다는 자신감을 갖고 꾸준히 노력해보자. 분명 여러 색깔로 멋지게 완성한 나만의 그림을 마주할 때가 올 거라 믿으면서.

"항상, 매번 못한 것처럼 느껴질 때,
과연 네 생각처럼 '항상', '매번' 그런 걸까?
과연 '난 매번 제대로 하는 일이 없어'라는 생각처럼
오늘 하루 네가 한 '모든' 일들이 엉망이었을까?
작은 실수에 너 자신을 혹독하게
다그칠 필요는 없어.
'그럴 수도 있어. 괜찮아' 라고 말해."

정말 나 때문인 경우는 '정말' 드물다

CHAPTER 12

클라이언트와의 상담 시간은 50분으로 정해져 있다. 하지만 상담 전 대기실에서 클라이언트를 만나 상담실로 안내해 자리에 앉고, 상담 후 출입문까지 다시 배웅하는 시간을 고려한다면 45분 남짓한 시간이 상담 시간인 셈이다.

다음 예약 시간까지 남은 10여 분 동안은 바로 전 상담 내용을 간략하게 정리하고 예약을 취소하는 전화 메시지는 없는지 확인하면서 물 한 잔을 마시고 다음 클라이언트를 맞이할 마음의 준비를 하다 보면 어느새 빠듯하게 지나간다.

어느 날 예약 시간 사이에 쉬는 동안 걸었던 클라이언트와의 통화가 예상보다 길어져 뜻하지 않게 다음 클라이언트인 B씨와의 상담 예약 시간에 5분 정도 늦고 말았다.

내가 "늦어서 미안하다, 기다려줘서 고맙다"고 말문을 열자 그녀는 "저는 선생님이 저와 상담하는 걸 싫어해서 안 오시는 줄 알았어요"라고 말했다.

내가 왜 그런 생각을 했느냐고 묻자 그녀는 "모르겠어요. 그냥 그럴 것 같았어요"라고 대답했다.

B씨는 평소에도 자신과 무관한 상황에서 스스로를 탓하는 경향이 두드러지게 많았다.

남자친구가 전화를 받지 않으면 '나 때문에 화가 나서 전화를 안 받는 건가'라는 생각에 초조해하고, 엘리베이터를 탔을 때 옆에 있는 사람의 표정이 언짢아 보이면 '나한테서 이상한 냄새가 나서 불쾌한 건가'라는 생각에 괜히 움츠러들었다.

'혹시 나 때문일까?'

.... 이와 같이 자신이 완벽하게 컨트롤할 수 없는 상황에 대해 자기 탓으로 여기는 사고 패턴을 '개인화(personalization)'라고 한다. '혹시 나 때문에 그런 게 아닐까'하며 자신에게서 원인을 찾는 것이다.

이렇게 잘못된 패턴으로 생각을 계속하게 되면 모든 일에서 자책하기 때문에 죄책감에 사로잡히고 심하면 우울증으로 발전할 수도 있다.

실제로 이런 패턴의 생각을 하는 사람들을 우리 주위에서 쉽게 찾아볼 수 있다. 우리나라에서는 이들을 흔히 우스갯소리로 소심함의 대명사로 알려져 있는 A형에 빗대 말하기도 하지만, 사실 혈액형과 성격을 연관 짓는 것은 일본과 우리나라 등 몇몇 아시아 국가에만 만연해 있는, 전혀 과학적 근거가 없는 미신이다.

평소에 "혹시 나 때문에 그런 거 아냐?"라는 말을 자주 한다면 단순히 소심한 성격을 가져서라기보다는, 정확히 말해 '개인화' 패턴의 사고방식을 가진 사람이라고 볼 수 있다.

예를 들어 이메일을 보냈을 때 상대방에게 바로 답장이 오지 않으면 "이 사람이 나한테 뭐 섭섭한 게 있나, 아님 나한테 화가 났나 왜 답장이 안 오지"라고 반응을 보이는 사람들이 있다. 이런 사람들은 몇 시간 동안, 심지어는 며칠 동안 답장을 받지 못하면 그동안 그 사람과의 사이에 있었던 갖가지 일들을 돌이켜 생각하며, 그중 어떤 일이 그를 섭섭하게 하거나 화나게 했을지 곱씹으며 괴로움의 시간을 보낸다.

그러나 이메일 답장이 바로 오지 않는 데는 사실 여러 이유가 있을 수 있다. 바빠서 답장을 바로 할 시간과 여유가 없을 수도 있고, 이메일을 아직 확인하지 못했을 수도 있으며, 이메일이 스팸메일함에 들어가 있을 수도 있다. 이 많은 가능성 가운데 '나 때문에 화가 나서' 혹은 '나한테 서운한 일이 있어서' 답장이 바로 오지 않을 가능성은 그리 크지 않다.

모든 상황에서 '나 때문에 그런 걸 거야'라고 자신에게 화살을 돌린다면 자책감은 물론, 우울한 마음이 들 수밖에 없다. B씨는 모든 일을 '개인화'해 자책하는 습관이 이미 몸에 배어 있었고, 이런 사고 패턴은 자신을 가치 없는 존재로 바라보게 하면서 그녀의 우울증을 깊어지게 했다.

그녀는 그날 점심시간에 남자친구에게 여러 번 전화를 했지만 그와 연락이 닿지 않아 결국 울음을 터뜨렸다고 했다. 그때 어떤 감정이었는지 묻자 그녀는 "미쳐버릴 것 같았어요. 슬프기도 하고요"라고 대답했다.

나는 그녀가 남자친구와 연락이 닿지 않았던 순간 머릿속으로 어떤 생각을 하고 있었는지 다시 물었다. 그녀는 체념한 듯 "그가 더 이상 날 사랑하지 않고 이제 내게 마음이 없다고 생각했어요"라고 말했다.

보통 좀 더 현실적이고 바람직한 사고를 하는 사람이라면 내가 조절할 수 있는 상황이 아닌 경우 자신에게서 원인을 찾으려 하지는 않는다. 예를 들어 길을 가다가 우연히 건너편에서 내 쪽을 향해 걸어오던 친구가 나와 눈을 마주치지 않고 내 옆을 그냥 지나쳤을 경우 '어? 날 못 보고 지나친 걸 보니 눈이 안 좋은가' '다른 생각에 잠겨 있느라 미처 날 보지 못하고 지나쳤나보다'와 같이 내가 아닌 외적인 곳에서 그 원인을 찾기 마련이다.

또 다른 예로 가족이나 친구들이 내 귀에 잘 들리지 않게 이야기를 하고 있는 걸 본다면 '무슨 이야기를 하길래 저렇게 조용히 하나' 정도의 생각을 하는 것이 보편적이다.

그러나 개인화 사고 패턴에 익숙한 사람들은 나에게 인사를 하지 않고 그냥 지나치는 친구를 보며 '내가 저 친구에게 뭘 잘못했나' '혹시 나에게 화가 난 건 아닐까'라고 생각하고, 조용히 이야기를 하는 친구들을 보며 '아마 내 이야길 하나보다'라며 원인을 자신에게서 찾는다.

상대방이 전화를 받지 않을 때도 '바쁜가보다' '전화를 못 받을 만한 상황인가보다' '잠깐 자리를 비웠나보다'라고 생각하는 것이 보편적이다. 하지만 B씨는 자동적으로 그 원인을 자신에게서 찾으려 했고, 전화 연락이 되지 않는 상황을 '나에 대한 사랑이 없는 것'으로 왜곡 해석했다.

내가 아니라 상대가 문제일 때가 더 많다

우리 머릿속에는 종일 갖가지 생각이 떠오른다. '나 때문인가'라는 생각이 사실일 때도 있지만 반대로 전혀 사실이 아닐 때도 있고, 어떨 때는 약간의 사실만이 포함되어 있을 때도 있다.

나는 B씨에게 남자친구가 전화를 받지 않을 때 그 원인이 자신에게 있다고 생각할 만한, 즉 '그가 날 사랑하지 않기 때문'이라고 믿을 만한 정당한 이유가 있는지 물었다.

그녀는 요즘 남자친구가 데이트를 하다가도 집에 빨리 가려고 하거나 피곤하다면서 전화도 빨리 끊으려고 하는 등 좀 시큰둥하다는 느낌을 받았다고 했다.

다음에는 반대로 남자친구가 어떤 말이나 행동을 할 때 '아직도 날 사랑한다'는 느낌을 받는지 물었다. 그녀는 잠시 생각에 잠기더니 '데이트 후에는 항상 집에 데려다준다' '만날 때면 항상 내가 좋아하는 레스토랑에서 밥을 먹는다' '보고 싶은 영화표를 사온 적도 있다' 등 여러 증거를 열거하기 시작했다.

스스로를 책망하는 감정에 빠져들 때는 순간 머릿속에 든 생각이 엄연히 사실이 아닌데도 마치 사실인 것처럼 느껴지기 때문에 자칫 한쪽으로만 생각이 치우쳐지기 쉽다.

자기 자신에게 끊임없이 부정적인 말을 하고('그는 나를 더 이상 사랑하지 않아. 나는 사랑받지 못하는 사람이야') 그 말이 사실임을 증명해줄 과거의 일을 자꾸 머릿속에 반복 재생시킴으로써('그러고 보니 그는 요즘 나에게 좀 시큰둥했어. 자꾸 집에도 빨리 가려고 하고 전화하는 것도 귀찮아하고') 스스로 그 생각과 말이 사실이라고 믿어버리는 것이다.

따라서 이때는 내 생각과 반대되는 생각을 뒷받침해주는 반대의 일들을 떠올리는 것이 도움이 된다.

또 다른 방법으로는 '책임 나누기(reattribution) 테크닉'이 있다. 나에게만 집중되어 있던 현 상황의 문제에서 나를 제외한 다른 곳에서 문제의 원인을 찾아봄으로써 책임 소재를 나누는 것이다.

물론 내가 원인이 되었을 가능성을 완전히 배제하려는 것은 아니다. 다만 왜곡된 사고 패턴에서 벗어나 문제의 원인을 좀 더 객관적으로 명확히 알아내기 위한 방법이 될 수 있다.

개인화 사고 패턴을 가진 사람은 어떤 문제의 원인을 백 퍼센트 모두 자신에게서만 찾으려 하기 때문에 이때는 '파이 차트(pie chart)'를 그려보면 좋은 시각적 도구가 될 수 있다.

종이에 동그란 파이 차트를 그린 뒤 문제의 상황이 일어나게 된 여러 원인을 분할해 그려보면 그중 내 책임이 몇 퍼센트인지, 그 외의 원인이 각각 몇 퍼센트를 차지하는지 한눈에 볼 수 있다.

나는 B씨에게 여러 조각으로 나눈 파이 차트를 그려보도록 권유했다. 그리고 남자친구가 전화를 받지 않는 이유로 '그가 더 이상 나를 사랑하지 않거나 나에게 관심이 없기 때문'일 가능성이 몇 퍼센트 정도라고 생각하느냐고 물었고, 그녀는 해당 파이 조각 안에 40퍼센트라고 적어 넣었다.

그리고 그 외에도 남자친구가 전화를 받지 않았을 다른 이유들, 즉 '그가 마침 잠깐 화장실에 갔을 수도 있다(20퍼센트)' '전화를 웃옷 주머니에 넣어두고 깜빡 잊은 채 점심을 먹으러 나갔을 수도 있다(20퍼센트)' '다른 일로 바빠서 전화를 받지 못했을 수도 있다(20퍼센트)' 등을 각각 파이 조각에 적어 넣었다.

여전히 그녀의 개인화적 사고는 40퍼센트라는 큰 비중을 차지하고 있었지만, 이전의 100퍼센트에 비하면 그녀의 책임 소재가 훨씬 낮아진 것을 알 수 있었다.

개인화 사고 패턴은 특히 다른 사람이 나에게 무례하게 행동하거나 모욕적인 언사를 할 때도 쉽게 작용할 수 있다. 회의가 있던 어느 날, 회의실에 앉아 있는 내 옆으로 평소에 친하게 지내던 동료가 다가오는 것을 보고 나는 즐겨 먹는 캔디를 그녀에게도 권했다.

그런데 그녀는 갑자기 인상을 쓰며 "난 단 거 싫어해"라고 확 짜증을 내는 것이 아닌가. 그런 그녀의 태도에 순간 나는 '나한테 왜 저러지? 내가 만만한가?'라는 생각이 들며 기분이 상했다.

이때 동료의 무례한 행동 원인을 나에게서 찾으려 했던 것 역시 개인화에 해당한다. 나중에 그녀가 나에게 사과하며 설명하기를, 그날 아침 남편과의 말다툼으로 스트레스를 받고 있었고, 그 때문에 평소와 달리 감정이 유난히 예민한 상태여서 아무것도 아닌 일에 쉽게 짜증을 냈다는 것이다.

나는 '내가 만만해서'일 거라며 나에게서 원인을 찾고 있었지만, 정작 진짜 이유는 그날 동료의 감정 상태였다.

우리는 하루에도 수많은 사람들을 스쳐 지나가고 만난다. 출퇴근길에 버스나 지하철을 이용하면서, 커피전문점에서 커피를 주문하면서, 엘리베이터 안에서, 마켓에서 쇼핑을 하면서 등 언제 어딜 가나 다른 사람들과 상호작용을 한다.

그런데 서로 의사소통을 하다 보면 상대방이 하는 말과 행동이 모두 나에 대한 직접적인 반응으로 생각되지만, 사실은 그 사람의 성격이나 그 당시의 감정 상태를 반영하는 경우가 많다.

즉, 상대방이 무례한 언행을 보일 때 그 원인은 대개 내가 아니라 상대방 자신이 갖고 있는 문제일 때가 많다.

다만 그 순간 어쩌다 보니 정말 우연히 내가 그 사람의 앞에 있었을 뿐이다. 그러니 상대방이 이해되지 않는 말이나 행동을 보일 때는 '내 탓'이라고 생각하지 말자.

'원래 그런 사람'이거나 그날이 그 사람에게 유난히 스트레스가 많은 날일 가능성이 크다.

자책이 아닌 행동으로 변화하면 된다

.... 물론 개인화적 사고가 사실인 경우도 있고 그 원인이 내 탓인 경우도 있다.

만약 내 생각이 실제로 사실일 가능성이 더 크다면 도리어 상황은 더 좋아질 수 있다. 내가 이 상황에 어떤 원인을 제공했는지를 우선 인정하고 받아들인 다음, 문제 해결을 위해 어떻게 대처할지 고민하고 준비해 적극적으로 행동에 옮기면 된다.

즉, '나 때문이야'라며 자책하는 게 아니라 부족한 점을 반성하고 문제 해결을 위한 '행동'을 보임으로써 변화하고 발전하는 것이다.

이제 스스로에게 물어보자. "만약 이 생각이 사실이라면 내가 개선할 수 있는 것은 무엇일까? 어떻게 하면 문제를 해결하고 상황을 좋은 쪽으로 바꿀 수 있을까?"

우리는 살면서 개인화 사고 패턴을 가진 사람들을 자주 만나게 되고, 때로는 나 자신이 그러한 사고 패턴에 익숙한 사람일 수도 있다.

그러나 이런 유형의 사람들을 단순히 '소심하다'는 말 한마디로 쉽게 정의 내릴 수는 없다. 개인화 사고 패턴은 타고난 기질이나 성격의 문제가 아니라 왜곡된 사고 패턴으로 생기는 학습의 결과이기 때문이다. 따라서 노력 여하에 따라 얼마든지 개선이 가능하다.

겉으로 보기에는 아무리 대범해 보이는 사람일지라도 개인화 사고 패턴을 갖고 있을 수 있으며, 반대로 소심해 보이는 사람이라도 개인화 사고가 아닌 올바르고 균형 잡힌 사고를 할 수 있다. 단지 혈액형이 A형이라는 이유만으로 '소심한 사람'은 없다.

"누군가 너에게 상처를 주려는 건
그들이 가진 오래된 상처 때문이야.
너의 문제가 아니야."

PART THREE

나는 나에게 더는 상처받지 않겠다

완벽주의자는 완벽하지 않다

CHAPTER 13

'완벽(完璧)'이라는 단어는 고사에 나오는 말로 본래 한자의 뜻은 '전혀 흠이 없는 구슬'이라고 한다. 그래서인지 '완벽하다'는 말은 참 매력적이게 들린다.

그런데 사람도 열심히 노력하면 조금의 결점이나 흠도 없이 완벽해질 수 있을까? 만약 그렇게 될 수만 있다면 과연 그 사람은 더없이 행복할까?

40대 여성인 E씨는 한 치도 흐트러짐 없이 깔끔하고 말쑥한 정장 옷차림에 잘 정돈된 머리가 인상적이었다. 언제나 상담 시간 5분 전에는 정확하게 도착해 상담을 기다리고 있었다. 매사에 예의 바르고 매너가 있었으며 비교적 젊은 나이에도 안정적으로 자신의 사업체를 운영해서 그런지 늘 자신감이 넘쳤다. 겉으로 그녀는 별

다른 문제 없이 완벽해 보였다.

30대 남성인 U씨는 어떤 때는 며칠 동안 한 번도 갈아입지 않은 듯한 옷차림에 잔뜩 풀이 죽은 모습으로 상담 시간에 늦게 도착하기도 하고, 또 어떤 때는 아주 깔끔한 옷차림에 활기찬 모습으로 상담 시간보다 30분이나 일찍 도착하는 등 불규칙한 패턴을 보였다. 예술가인 그는 항상 머릿속으로 '명작'을 완성해야 한다는 스트레스에 시달린다고 했다. 한 가지 일을 꾸준히 해내지 못하고, 계획한 일을 항상 뒤로 미루기만 했던 그는 어떤 면에서도 '완벽'하고는 거리가 멀어 보였다.

이 두 사람은 언뜻 공통적인 요소가 별로 없어 보이지만 사실은 둘 다 완벽주의적 성향을 갖고 있다. 보통 '완벽주의자'라고 하면 자신이 맡은 일은 무엇이든지 철두철미하게 끝내고 모든 일에서 완벽을 추구하는 책임감 강한 사람이 먼저 떠오르지만 꼭 그렇지만은 않다.

이들은 크게 두 가지 성향으로 나눌 수 있다.

두 가지 성향의 완벽주의자

먼저 앞의 첫 번째 사례와 같이 사회적으로 성공한 위치에 있는 사람들에게서 흔히 볼 수 있는 '적응적 완벽주의자(adaptive perfectionist)'가 있다. 그리고 두 번째 사례와 같이 언뜻 보면 완벽주의자와는 거리가 멀어 보이지만 또 다른 형태의 완벽주의자인 '부적응적 완벽주의자(maladaptive per-fectionist)'가 있다.

완벽주의적 성향을 가진 사람들은 공통적으로 자기가 하는 일에 대해 지나치게 높은 기준과 기대를 갖고 있다. 첫 번째 유형인 적응적 완벽주의자는 자신이 세워놓은 높은 기준이나 이상을 목표로 이를 반드시 이루기 위해 스스로를 몰아붙인다.

주로 스포츠 선수나 비즈니스 경영자, 학자, 연구자들이 많다. 타인의 평가에 대한 두려움이나 남에게 인정받으려는 욕구가 적은 대신 자신을 끊임없이 향상시키고 발전시키려는 욕구가 강하다. 스스로 세운 목표와 기준에 이르고자 완벽을 추구해 '개인 기준 완벽주의자(personal standards perfectionist)'라고 부르기도 한다.

연구 결과에 따르면 적응적 완벽주의자들은 학업 능력이 뛰어나고 효율적으로 자기 진로를 결정하며 위기 대처 능력이 뛰어나 적응력도 높다.

그러나 이들은 성취와 완벽에 대한 갈망으로 끊임없이 무언가를 해야 한다는 강박적 사고 패턴을 갖고 있어 워커홀릭이 많다. 목표를 향해 앞으로 달릴줄은 알지만 정작 쉴줄은 몰라 휴가나 휴식 시간에조차 일을 하고 있지 않은 것에 죄책감을 느끼며 불편해한다.

이에 반해 부적응적 완벽주의자는 자기가 스스로 세운 목표를 이루는 게 목적이 아니라 부모나 직장 상사 등 주변에서 자신에게 갖고 있다고 믿는 기대와 평가의 높은 잣대를 만족시키기 위해, 즉 사회적 승인이나 주변의 시선, 평가 등을 위해 스스로를 몰아붙인다.

이들은 타인에게 인정받고 싶어 하는 욕구가 강해 다른 사람들의 부정적인 평가나 실패에 대해 두려움을 보이는 '평가 염려 완벽주의자(evaluative concerns perfectionist)'로도 분류된다.

어떤 일을 할 때 스스로 발전하고 싶은 내면적 요인이 아닌 타인의 기대를 충족해 인정받고자 하는 외면적 요인이 동기부여가 되기 때문에 새로운 일을 시작할 때 실패에 대한 두려움과 불안함을 느낀다.

따라서 이런 두려움을 피하기 위해 할 일을 자꾸 뒤로 미루거나 외면하고 회피하는 성향이 있어 능력을 제대로 발휘하지 못하고, 직장 생활이나 결혼 생활 등 인간관계에서 문제를 겪기도 한다.

또한 외부의 평가와 비판에 예민하기 때문에 다른 사람에게 부정적인 평가를 받거나 인정받지 못하면 낙담하거나 좌절하고 우울해지기 쉽다.

스스로를 평가할 때 지나치게 자기비판적이어서 심한 자책감과 우울감, 불안, 극심한 스트레스 등에 시달린다.

완벽주의자들은 자신이 가진 완벽주의적 성향으로 주변 사람들에게까지 완벽함을 기대해 비판적일 때가 많다. 자신이 어떤 일을 할 때 중간 정도로 대충 하는 것을 용납하지 못하기 때문에 다른 사람들이 그런 모습을 보일 때도 똑같이 견디지 못하고 매우 비판적이 된다.

또한 자신의 작은 실수에도 지나치게 혹독하게 반응해 크게 낙담하거나 좌절하고, 타인의 비판이나 의견도 잘 받아들이지 못해 크게 상처를 받기도 한다.

앞서 언급한 첫 번째 사례의 E씨는 특히 고객 관리에 철두철미했는데, 자신의 이런 높은 기준을 충족시키지 못하는 직원들을 볼 때마다 항상 불만을 드러내 다른 직원들과 관계가 좋지 못했다. 그녀의 이런 완벽주의 성향 때문에 주변 사람들이 힘들어 하는 것은 물론, 그녀 자신도 큰 스트레스를 받으며 괴로워했다.

또한 그녀는 사업에 대한 걱정과 불안감으로 쉬는 날에도 마음 놓고 쉬지 못하는 워커홀릭이었다.

일 때문에 연애할 시간도 없었지만 남자를 만나더라도 자신의 까다로운 조건에 조금이라도 맞지 않으면 금방 매력을 잃고 헤어지기를 반복했다.

두 번째 사례의 U씨는 항상 누군가의 평가와 시선에서 자유롭지 못해 자신의 능력을 남들에게 인정받지 못한다고 느끼면 견디기 힘들어하고 괴로워했다. 어떤 일을 시작할 때마다 자신이 기대하는 완벽한 결과를 내지 못할 것 같거나 주변에서 좋은 평가를 받지 못할 거라는 불안과 두려움이 들면 하던 일을 미루거나 게으름을 피웠다. 그는 미룰 수 있을 때까지 계속 미루다가 더 이상 미룰 수 없는 마지막 순간이 되면 마지못해 작업을 끝마쳤지만, 그때마다 자신의 완벽하지 못한 결과나 성과에 불만족스러워하며 좌절했다. 그는 반복적으로 일을 미루고 매번 만족스럽지 못한 결과를 내면서 스스로 심한 자책과 자기혐오, 자기비판을 하며 만성적 우울증에 시달렸다.

완벽주의자들은 대개 '조건 법칙(conditional rules)'을 갖고 있다. '쉴 새 없이 일하면 완벽해질 수 있다' '완벽한 결과를 낼 수 없을 것 같은 일은 하지 말아야 한다'와 같이 '~하면 ~할 것이다'의 법칙이나 지침을 따르는 것이다.

완벽하고 싶은 욕구 뒤에는 사실 불안함과 두려움이 숨어 있다. 자신의 부족하거나 열등한 부분을 채우기 위해 쉴 새 없이 노력하고 일하며(적응적 완벽주의), 자신의 열등함이 사실로 드러날까봐 두려워서 해야 할 일을 회피하거나 미루는 것이다(비적응적 완벽주의).

완벽주의는 완벽해지고 싶은 '욕구'일 뿐, 인간은 그 누구도 완벽하지 않으며 완벽할 수도 없다. 따라서 실현 불가능한 것을 실현하려 하기 때문에 도달하지 못하는 목적지에 대한 스트레스를 항상 동반한다. 또한 '반드시 완벽해야 한다'는 비현실적인 믿음은 불안과 우울 등 정서적으로 여러 가지 부작용을 가져온다.

또한 완벽하기 위해 스스로를 끝없이 몰아붙이고 과도하게 통제하려 하기 때문에 이런 욕구가 지나칠 경우 강박적인 사고나 행동을 보이기도 한다.

따라서 완벽주의에서 벗어나기 위해서는 완벽에 대한 추구가 아닌 노력하는 과정 자체에 중점을 두도록 관점을 바꿔야 한다. 즉, 완벽이라는 불가능한 '결과'에 목표를 두지 말고, 어떻게 하면 예전보다 조금 더 '발전'할 수 있을지를 생각하는 것이다. 완벽해지려고만 하면 완벽하지 않은 자신의 모습에 스트레스를 받고 단점만을 보며 비판하게 되지만("이걸로는 아직도 부족해. 더 잘해야 해") 발전하는 것에 목표를 두면 점점 더 나아지고 있는 자신의 모습에 성취감을 느끼며 스스로를 응원할 수 있는 여유가 생긴다("지난번보다는 나아지고 있잖아. 그래, 잘하고 있어").

'완벽해지고 싶다'는 무의식적 욕구는 그동안 자신의 머릿속에서 '나는 완벽해야만 한다'라는 믿음으로 자리 잡았을 것이다. 따라서 이런 왜곡된 강박적 사고를 좀 더 건강하고 융통성 있는 믿음으로 대체하는 것이 중요하다. 다음과 같이 바꿔서 생각해보자.

'높은 기준을 가진 것은 좋지만 얼마나 완벽하게 일을 잘하는지 결과에만 매달리지는 말자. 그냥 있는 그대로의 나를 인정하고 받아들여야 한다.'

'잘하는 것도 좋지만 항상 뛰어나게 잘할 수는 없다. 노력하는 과정에서 나 스스로 만족을 찾으면 된다.'

U씨는 모든 사람에게 존경과 사랑을 받을 수 있는 작품 세계를 완성하는 것이 인생의 목표라고 했다. 그는 머릿속으로 끊임없이 작품을 구상하고, 자신의 노트에는 좋은 아이디어가 넘쳐난다고 자랑했다. 이처럼 그는 자신의 아이디어를 설명할 때는 신이 나서 열정적인 모습을 보였지만, 작품에 대한 평가를 받는 과정이 너무 고통스럽고 두려워 정작 작업을 미루기가 일쑤였다.

지난번 이야기했던 좋은 아이디어로 왜 작업을 시작하지 않느냐고 물으면 그는 "작업이란 원래 서두르면 안 되고 한참을 두고 지켜봐야 해요. 그래야 더 완벽한 작품이 나올 수 있거든요"라고 자기

합리화를 하곤 했다. 하지만 시간이 지나면 부족한 점이 눈에 들어와 작업을 미루고 다시 작품을 구상하는 악순환을 되풀이할 뿐이었다.

U씨와 같은 '비적응적 완벽주의자'는 머릿속에서 항상 '미래의 완벽한 나'를 꿈꾸지만, 현재의 완벽하지 않은 자신의 모습을 인정하고 마주하는 것을 괴로워하고 두려워한다.

따라서 미래가 아닌 현재로 돌아와 '오늘 지금 당장 이 순간의 나'를 받아들이는 연습부터 해야 한다. 미래의 '완벽'한 모습 대신 '지금 이 순간 이 일을 하며 내가 느끼는 즐거움'이 무엇인지에 집중하는 것이다.

완벽하지 않아서 다행이다

.... 코넬대 의대 교수인 로버트 리히 박사는 완벽이 아닌 호기심과 자기 발전에 중점을 두고 다음과 같은 질문을 스스로에게 해보라고 말한다.

"이 경험이 흥미로운 이유는 무엇인가?"

"다른 사람들은 이 일을 하며 어떤 이유로 즐거움을 느끼는가?"

"어떻게 하면 이 일에 대해 호기심을 느낄 수 있는가?"

"완벽을 추구하는 것과 과정 자체에 호기심을 느끼는 것은 각각 어떤 장단점이 있는가?"

"이 일이 힘들게 느껴질 때는 그 이유가 무엇인가?"

이 세상 사람들이 모두 완벽하다면 아무도 더 이상 발전할 필요를 느끼지 못할 테니 참 따분할 것이다.

우리는 누구나 부족한 점이 있어 과거의 자신보다 더 나아지기 위해 노력하며 산다. 그리고 그 과정에서 조금 더 발전한 자신과 마주하는 것은 이미 내가 완벽했다면 경험할 수 없었을 큰 즐거움이리라. 우리 모두 완벽하지 않아서 참 다행이라고 생각하자.

"일 년 전의 나, 한 달 전의 나,
바로 어제의 나는 어떤 모습이었는지 떠올려봐.
그때의 나와 비교했을 때 지금의 나는
'조금 더' 경험이 쌓이고,
'조금 더' 현명해지고,
'조금 더' 발전된 모습을 하고 있니?
'아주 조금 더' 말이야."

꼭 그래야 할 필요는 없다

30대 초반 여성인 M씨는 대학 졸업 후 평소에 관심 있던 액세서리 디자인을 배웠다. 그 후 그녀는 자신만의 작은 액세서리 전문점을 열어 뛰어난 손재주와 세련된 감각으로 빠른 시간에 고정고객을 확보했다. 하지만 그녀는 마치 가슴에 크고 무거운 돌덩이를 얹어놓은 듯 늘 마음이 무거웠다.

액세서리 디자이너로서 즐거움과 보람을 느끼고 있었지만, 언젠가는 아버지의 바람대로 로스쿨에 진학해 변호사가 되어야 한다는 부담감을 안고 있었던 것.

그녀의 아버지는 어려웠던 집안 사정으로 대학 교육을 받지 못했는데, 그것이 자신의 인생에서 가장 큰 아쉬움이자 미련으로 남아있었다. 그래서 그는 늘 딸에게 반드시 변호사가 되어야 한다고 말해왔다.

"아버지가 항상 말씀하셨듯이 공부를 계속해 변호사로 살아야 하는데, 법과는 아무런 관련이 없는 일을 하고 있으니 인생의 실패자가 된 것 같아요. 로스쿨에 진학해야 하는데, 지금 쓸모없는 일을 하면서 인생을 낭비하고 있다는 생각이 들면 마음이 너무 무거워요."

그녀는 로스쿨에 진학하려고 몇 번 준비를 했지만 그때마다 스트레스를 심하게 받아 번번이 진학을 포기했다고 했다.

M씨처럼 우리는 누구나 나 자신이 '해야만 하는', 더 정확히 말하면 '해야만 한다고 믿는' 것들이 있다. 그러다 보니 마음속에서 끊임없이 '넌 이러이러해야만 해'라고 스스로를 비판하거나 공격하며 무언가를 강요하는 내면의 목소리를 갖고 있다.

이렇게 강박적으로 끊임없이 자신을 채찍질하며 강요하는 생각(should statement)은 대부분 '성취'에 대한 규칙일 경우가 많다. 예를 들어 '성적을 잘 받아야 해' '무슨 일이 있어도 대학에 가야 해' '꼭 명문 대학에 진학해야 해' '더 늦기 전에 반드시 유학을 가야 해' '무슨 일이 있어도 꼭 대기업에 취직해야 해' '나이 들기 전에 빨리 괜찮은 사람 만나 결혼해야 해' '남들처럼 나도 꼭 내 집을 가져야 해' 등이 있다.

그 외에도 우리는 '어떤 경우에도 절대 울면 안 돼' '여자는 무조건 예뻐야 돼' '이성에게 멋있게 보이려면 무조건 키가 커야 돼' 등과 같이 '이러이러하게 살아야 한다'거나 '반드시 그래야만 한다'

는 것을 스스로에게 강요한다.

우리 마음속에서 사사건건 트집을 잡는 이런 사고방식은 자신이 '꼭 해야 하는' 또는 '반드시 지켜야 하는' 삶의 기준을 제시하며 스스로를 다른 사람들과 비교해 질타를 퍼붓기도 하고, 자신의 사소한 실수나 잘못에 가차 없이 공격을 가하게도 한다. 그리고 자신의 인생이 이런 기준과 규칙에 맞춰 돌아가지 않을 때, 예를 들어 자기 내면의 목소리가 "넌 대기업에 들어가야만 해"라고 말하지만 실제 현실에서 그 기준에 맞추지 못할 때 스스로 "난 낙오자야"라고 비관하며 좌절하게 된다.

저마다 다른 내면의 목소리는 어떻게 만들어지는가

우리는 이 세상에 태어나 인생을 살아가는 동안 많은 사람들을 만나고 여러 가지 환경에 처하게 되는데, 이때 어떤 사람을 만나고 어떤 환경에서 어떤 경험을 하게 되느냐에 따라 우리 마음속에 각각 저마다 다른 내면의 목소리가 형성된다.

첫 번째는 바로 어린 시절 부모와의 관계다. 우리는 태어나서 어른으로 성장할 때까지 부모 밑에서 부모의 가치관과 생활 습관을 그대로 물려받는다. 아이들은 누구나 부모를 기쁘게 해드리고 싶은 기본적인 욕구가 있다. 따라서 이 시기에 부모가 "괜찮다"고 하거나 "해야만 한다"고 하는 말과 행동은 계속하려고 하고, 반대로 부모가 "잘못된 것"이라고 하거나 "해서는 안 된다"라고 하는 말과 행동은 점점 하지 않게 되면서 '한 인간으로서의 나'가 형성되는 것이다.

혼자 힘으로 생존할 수 없고 부모에게 전적으로 의존해야 했던 어린 시절에는 부모의 사랑을 받아야만 살 수 있었다. 따라서 부모에게 안전하게 보호받고 있다는 안정감을 느끼기 위해 부모의 말 한마디, 행동 하나를 모두 받아들여야 했고, 이는 앞으로 성인으로서 살아가는 데 길잡이가 되어줄 규칙과 믿음, 가치관으로 형성되었다. 즉, 어렸을 때 부모한테서 듣고 자란 말이 자기 내면의 목소리가 되어 자신의 말과 행동을 제약하는 것이다.

두 번째는 친구들과의 관계다. 아동기와 청소년기에 접어들면 또래 친구들과 맺는 관계가 삶의 질에 큰 영향을 끼친다. 이 시기에 친구들과의 관계를 유지하고 그 또래 집단에 속하기 위해 아이들은 그 집단에 맞는 생각과 말, 행동을 하려 한다.

예를 들어 내성적인 성격의 남자아이가 또래 친구들에게 놀림을 당할 경우 이 아이는 친구들 집단에 속하기 위해 '난 더 강하게 보여야 해'라는 믿음을 갖고 자신의 남성적인 면을 더욱 내세우려 노력할 수도 있다. 아니면 반대로 더욱 위축되어 '친해지려고 다가가 봤자 분명 또 상처만 받을 거야. 아무에게도 내 마음을 열어 보여서는 안 돼'라는 생각으로 스스로를 고립시키고 마음의 문을 닫기도 한다. 이렇게 친구들과의 관계에서 형성된 믿음과 생각 또한 내면의 목소리가 된다.

세 번째는 사회적 환경에서 받는 영향이다. 우리는 사회 구성원으로 살아가면서 크고 작은 여러 경험을 하게 되고, 이 과정에서 나 스스로를 위한 새로운 규칙이나 믿음을 갖게 된다. 가장 가까운 사례로 성형 열풍과 고가의 명품에 환호하는 심리를 들 수 있다.

외모 때문에 차별대우를 받거나 번번이 취직에 실패하는 등 부정적인 경험이나 불이익을 당했던 사람은 '성형을 해서라도 예뻐져야만 해'라는 믿음을 갖게 된다. 평소 자신에 대한 자존감이 부족한 사람은 남들보다 못하다는 내면의 부족함을 감추기 위해 반대로 '나는 남들과 다르다'거나 '남들보다 우월하고 싶다'는 심리를 표출한다. 예를 들어 '명품 백이 나의 가치를 올려준다'는 믿음을 갖고 '아무나 가질 수 없는' 고가의 명품 백만 찾는다. 또한 암으로 가족을 잃은 사람이 '건강하게 살기 위해서는 술과 담배를 절대 해서는 안 돼'라는 규칙을 스스로 세우는 것 또한 환경에서 비롯된 내면의 목소리인 셈이다.

내면의 목소리는 때로는 자신의 앞길을 안내하는 표지판이 되어 어떤 목표를 추진하는 데 강력한 원동력이 될 수도 있다.

나의 부모님은 '여자일수록 전문직을 갖고 평생 일해야 한다'는 믿음이 강했기에 딸들에게도 늘 교육의 중요성을 강조했다.

그 결과 '반드시 그래야 한다'는 이 규칙은 내 인생의 방향을 결정하는 동기가 되었다. 나는 내 목표를 이루기 위해 마음속 표지 판을 따라 쉴 새 없이 달렸다.

그러나 내면의 목소리는 사실이 아닐 수도 있고, 잘못되고 왜곡된 믿음이거나 현실적이지 않은 규칙일 수도 있다. 그것은 우리가 세상에 생존하거나 부모의 사랑을 받거나 친구와의 관계를 유지하기 위해, 혹은 사회적 환경과 경험에 따라 가치관으로 받아들인 것이기 때문이다.

'반드시 그래야만 한다'는 믿음이 자신과 맞지 않거나 사실이 아닌 잘못된 생각일 경우 그 후유증은 생각보다 훨씬 더 심각할 수 있다.

앞의 사례에서 보듯 M씨는 어린 시절부터 그녀의 머릿속에 각인된 '반드시 변호사가 되어야 한다'는 아버지의 바람이 내면의 목소리가 되어 자신이 원하는 꿈을 이루었는데도 인생을 즐기지 못하고 스트레스에 시달렸다.

이와 같이 내면에 형성된 믿음과 규칙이 자신에게 맞지 않는 일방적인 생각이나 비현실적이고 왜곡된 가치관이라면 마치 '꼭 해야만 하는' 과제물을 하지 않고 미뤄둔 것처럼 마음이 무겁고 불편할 수밖에 없다. 사실은 자신의 '과제물'이 아닌데도 자신이 반드시 해야 하는 '숙제'라는 생각에 큰 혼란과 스트레스를 겪는 것이다.

그러나 이 과제물을 하지 않는다고 해서 자신의 인생이 낙제 점수를 받는 건 아니다. 본래 자신이 해야 할 필요가 없었던 '숙제'이므로 자기 것이 아님을 인정하고 받아들여 적극적으로 덜어내면 된다. 만일 그러지 못한다면 이 과제물은 아마 죽을 때까지 자신을 따라다니며 괴롭힐 것이다.

"꼭 해야만 한다고 생각되는 목표가
과연 누구 것인지 생각해봐.
네가 세운 목표가 아닌,
부모님이나 다른 사람이 세운 것이라면
'이건 내 것이 아니야'
'그러지 않아도 괜찮아' 라고
스스로에게 말해줘."

내 마음속 규칙은 내 것일까?

CHAPTER 15

심리학자인 매튜 매케이 박사와 심리학 전문 작가인 패트릭 패닝은 자신의 마음속 규칙이 자신의 것인지 아닌지를 구별하려면 다음 세 가지 질문을 스스로 해보라고 조언한다.

첫 번째, 내 마음속에 세워져 있는 이 규칙이 정말 내가 자발적으로 원하는 것인가? 자신이 원해서 세운 규칙인가, 아니면 어린 시절부터 부모가 원했거나 부모한테서 듣고 자란 규칙인가? 친구들과의 관계를 유지하기 위해, 혹은 사회적 환경이나 경험에 따라 형성된 규칙인가?

두 번째, 내가 이 믿음이나 규칙을 고집할 경우 나에게 미칠 영향은 무엇인가? 나를 포함한 누군가의 희생을 강요하는 것은 아닌가? 그 때문에 피해를 보거나 상처 받을 사람은 없는가?

세 번째, 이 믿음이나 규칙이 내게 맞춤옷처럼 꼭 들어맞는가? 자신의 타고난 기질이나 성향, 성격, 장점, 단점 등을 고려할 때 정말로 자신이 바라고 꿈꾸는 미래인가? 자신에게 삶의 즐거움을 지속적으로 가져다줄 지표인가?

이제는 내 것이 아닌 강박적 생각들을 버려야 할 때

이 세 가지 질문을 스스로 던졌을 때 그동안 자신이 갖고 살아온 믿음과 규칙이 잘못되거나 왜곡되거나 비현실적이라는 사실을 깨달았다면, 이제는 자신을 힘들게 해온 이 버거운 짐을 벗어던질 차례다.

즉, 자기 내면의 목소리가 사사건건 트집을 잡고 시비를 걸 때마다 맞서 싸워야 하는 것이다.

그동안 살아오면서 자신에게 어떤 규칙과 믿음을 강요했는지 강박적 생각을 하나하나 꼼꼼하게 적어보자. 리스트를 다 작성한 뒤에는 자신이 원해서 머릿속에 각인시킨 것만 남기도록 한다.

우선 어린 시절 부모의 사랑과 인정을 받기 위해, 친구들 집단에 속하기 위해, 사회적 경험에 따라 여과 없이 무조건적으로 받아들였던 '내 것이 아닌' 왜곡된 믿음을 모두 골라 체크하자.

자신의 것이 아니지만 자기 내면의 목소리가 된 것들을 골라내었다면 이런 믿음이나 규칙을 받아들이게 된 근본적인 원인을 생각해보자. 부모의 사랑이나 인정을 받기 위해서였는가, 아니면 불안함을 떨쳐내고 안전함을 느끼고 싶어서였는가. 어떤 이유에서든 자의가 아닌 타의에 따른 것이었다면 그동안 자신의 것이 아닌 것을 머릿속에 담아두고 살아온 셈이다.

그러한 것들은 모두 자신에게 맞지 않는, '내 것'이 아님을 다시 한 번 기억한 뒤 만약 이를 그대로 자신의 머릿속에 담아두고 계속 살아갈 때 자신에게 미칠 부정적 영향과 삶의 질을 생각해보자.

자신의 것이 아님에도 반드시 해야 하는 '숙제'로 남겨둔 채 이대로 산다면, 부모가 원하고 바라는 삶이 아니라는 죄책감을 갖고 산다면, 친구들과의 관계에서 받았던 상처 때문에 성인이 된 이후에도 다른 사람에게 쉽게 마음의 문을 열지 못하고 이대로 산다면 당신의 삶은 어떨 것인가.

나 자신이 행복해질 삶이 아니라는 확신이 든다면 그동안 내면의 목소리로 자신의 삶을 좌지우지해왔던, 내 것이 아닌 규칙과 믿음을 하나씩 리스트에서 골라 지워보자. 잘못된 내면의 규칙이 제대로 드러나도록 그 위에 펜으로 몇 겹씩 줄을 그어도 좋다. 이 리스트를 눈에 자주 띄는 곳에 붙여두고 볼 때마다 읽으며 매번 다짐하는 것이 도움이 된다.

"로스쿨을 졸업하고 변호사가 되는 것은 아버지의 소원이고 나는 그런 아버지의 사랑과 인정을 받고 싶었을 뿐이야. 하지만 그런 삶은 나에게 맞지 않아. 난 내가 좋아하는 일을 하는 지금이 행복해."

어린 시절 부모에게 들었던 말, 성장 과정에서 했던 생각, 여러 가지 상황에 처할 때마다 갖게 된 잘못된 믿음 등 자신의 것이 아닌 것들이 내면의 목소리로 자리 잡기까지는 아마도 수백 번 또는 수천 번에 걸친 반복이 있었을 것이다.

셀 수 없이 많은 반복을 거쳐 자신의 머릿속에 각인된 것들을 버리기 위해서는 그만큼 또 셀 수 없이 많은 반복 과정을 다시 거쳐야만 한다. 그것은 결코 쉽지 않은 일일 것이다. 하지만 리스트를 이용해 시각화하고 나 스스로에게 주문을 외는 다짐을 꾸준히 반복한다면 그 누구의 것도 아닌, 자신이 주인인 삶을 살아갈 수 있다.

"네 것이 아닌 건 돌덩이처럼
가슴에 담아 둘 필요가 없어.
마음의 짐에서 내려놓고
'이건 내 것이 아니야' 라고 말해봐.
'~해야만 해' 라는 생각이 들 때는
'안 해도 괜찮아.
내 것이 아니니까' 라고 말해봐."

'타인의 시선'에서 자유롭지 못할 때면…

CHAPTER 16

미국 문화에서 아직도 조금 어색하고 낯선 것이 있는데 바로 '스몰 토크(small talk)'라고 부르는 잡담 문화다. 미국인들은 모르는 사람이라도 길거리에서 서로 눈이 마주치면 자연스럽게 인사를 하고 엘리베이터를 함께 탄 잠깐 동안이라도 날씨 이야기를 하거나 주말 계획을 묻거나 옷차림을 칭찬하는 등 소소한 대화를 나눈다. 직장 동료들 사이의 스몰 토크 내용도 대개 날씨로 시작해 지난밤 스포츠 중계 이야기까지 별반 다르지 않다.

잘 알려진 대로 미국인들은 개인주의 성향이 강해 프라이버시를 중요하게 여기므로 타인의 사생활에 대해서는 '내가 관여할 일이 아니다(None of my business)'라고 여겨 개인적인 질문을 하지 않는다. 또한 옷깃만 살짝 스쳐도 "실례합니다"를 연발할 만큼 개인

공간을 중요하게 여겨 대화를 나눌 때도 타인과 어느 정도 거리를 두는 것이 일반적이다. 이렇게 개인을 중시하는 문화이기에 상대방이 먼저 사적인 이야기를 꺼내지 않는 한 개인적인 질문을 하지 않으니 상대적으로 누구와도 나눌 수 있는 스몰 토크를 많이 하는 게 아닌가 싶다.

반면 우리나라는 모르는 사람과는 눈을 마주치거나 이유 없이 말을 걸지 않는다. 그 대신 다른 사람을 의식하는 일종의 '눈치 문화'가 존재한다.

이는 우리나라 특유의 사회적 문화가 원인이라고 할 수 있다.

예를 들어 우리는 어려서부터 등수를 매기고 서로 경쟁하며 타인과 비교당하는 환경에 노출되어왔다. 개인보다는 가족 전체, 더 나아가 조직과 집단을 더 중요하게 여기는 집단 문화의 영향 아래 다수의 사람들과 함께 있을 때는 자신의 개인적 성향을 축소하거나 숨겨야 집단에 무난하게 어울릴 수 있었다. 당연히 집단 속에서 살아남으려면 다른 일원이나 주변의 경쟁 상대들을 끊임없이 의식하고 '눈치'를 봐야 한다는 것을 학습을 통해 터득하게 되었다. 여기에 타인의 시선을 끊임없이 의식하는 유교적 체면 문화 또한 영향을 끼쳤다.

개인의 성향을 중요하게 여기는 미국 문화가 편리할 때도 많지만 때로는 당혹스러울 때도 있다. 예를 들어 강의 시간에도 다른 사람의 시선에 개의치 않고 거리낌 없이 사과나 과자 등을 꺼내 먹는 미국 학생들의 모습이 처음에는 무척 낯설게 느껴졌다. 강의 중간에

조퇴해야 할 일이 있을 때 주변을 신경 쓰지 않고 강의실을 가로질러 나가는 학생도 흔히 볼 수 있다. 아마도 우리나라에서는 주변의 시선이 의식되고 신경 쓰여 이런 행동을 거리낌 없이 할 수 있는 사람은 많지 않을 것이다.

이처럼 우리나라에서는 '눈치' 없게 받아들여지는 행동들이 미국에서는 전혀 아무렇지 않게 자연스러운 행동으로 받아들여지는 것을 보면 지금도 여전히 낯설다. 하지만 다른 한편으로는 남의 눈치를 보지 않고 자기가 하고 싶은 대로 자유롭게 행동하는 그들의 모습이 부러울 때도 있다.

물론 나 혼자 사는 것이 아닌 다른 사람들과 더불어 사는 사회에서 타인의 시선을 전혀 의식하지 않는 것은 불가능하다. 타인에게 폐가 되지 않도록 공공질서와 에티켓을 지키고 남을 배려하는 마음을 가지는 것은 당연하다. 함께 살아가는 사람들에 대한 의식과 배려는 모두가 행복하고 건강한 사회를 만드는 데 아주 중요한 요소이기 때문이다.

누군가를 의식하며 끝없이 남과 비교하는 인생

··· 그런데 최근 우리 사회는 타인의 시선을 의식하는 것이 지나쳐 다른 사람의 인생을 자신의 인생과 끊임없이 비교하는 경향이 있다. 그러다 보니 늘 다른 사람을 의식하고 그들의 눈치를 보며 자신을 괴롭히고 사는 것

같아 안타깝다. '다른 사람들이 지금의 이런 내 모습을 보면 어떻게 생각할까'라는 걱정에 타인의 시선을 지나치게 신경 쓰며 살아가고 있는 것이다.

자동차를 살 때도 자신의 분수와 생활 패턴에 적합한 차보다는 남들이 볼 때 그럴듯해서 어딜 가도 무시당하지 않을 만한 차를 고르는 사람들이 있다. 가방도 단순히 소지품을 담기 위한 용도가 아니라 다른 사람들에게 보이기 위한 과시용이 되었으며, 조금 무리해서라도 이른바 '있는 사람들'이 사는 동네에 집을 구해야 남들에게 뒤처지지 않는 삶을 산다고 생각하는 이들도 많다.

이렇듯 '남이 어떻게 생각할까'에 지나치게 집착해 정작 자신의 생각이나 가치관보다는 다른 사람의 시선을 의식하며 하루하루를 살아가고 그들의 잣대로 인생의 방향을 결정하는 사람들이 많다. 그러나 다른 사람의 눈에 자신이 어떻게 비칠지 두려워하다 보면 결국 스트레스를 받아 이상과는 다른 자신의 현실에 좌절하게 된다.

요즘은 '혼술, 혼밥'이 대세라고는 하지만 아직도 혼자 식당에서 밥 먹는 것을 꺼리는 사람들이 많다는 기사를 읽은 적이 있다. '혼자 밥 먹는 사람은 외톨이거나 친구가 없을 것이다'라는 편견 어린 시선을 받기 싫다는 것이 그 이유였다. 다시 말해 사람들은 혼자 밥을 먹는 상황 그 자체를 두려워하는 게 아니라 혼자 먹는 것에 대한 타인의 '시선'을 두려워하는 것이다.

이런 두려움을 느끼는 사람들이 많다는 공감대가 이루어지면서 심지어는 밥을 함께 먹을 상대를 연결해주는 스마트폰 애플리케이

션까지 큰 인기를 끌고 있다. 이는 우리 사회에서 타인의 시선이 얼마나 큰 스트레스인가를 잘 보여준다.

이렇듯 많은 사람들이 '남들이 나를 어떻게 생각할까'에 대해 고민하지만, 정작 사람들은 우리가 생각하는 것만큼 다른 사람에게 관심을 보이지 않는다. 어느 TV 교육 프로그램에서 이 주제로 재미있는 실험을 한 적이 있다. 연구자들은 실험 참가자에게 이상한 복장을 입게 한 뒤 경기장에 가서 응원을 하게 했다. 그러고 나서 경기장에 있었던 다른 관중들에게 실험 참가자가 무슨 옷을 입고 있었는지를 물었다. 그런데 놀랍게도 참가자의 복장을 정확하게 기억하고 있는 사람은 단 한 명도 없었다.

이 세상은 나를 중심으로 돌아간다. 내 인생을 사는 사람은 나다. 그런데 정작 주변 사람들은 나에게 그렇게 큰 관심이 없다. 모두가 주인공인 각자의 인생을 바쁘게 살고 있기 때문이다.

대부분의 사람은 오늘 뭘 해야 할지, 뭘 먹어야 할지와 같은 하루의 일상사를 생각하는 것만으로도 무척 바쁘다. 각자의 일인칭 시점으로 자신의 바쁜 하루하루를 살아가고 있는 것이다.

나도 온전히 나의 시점으로 내가 살아가는 세상을 바라보며 열심히 내 하루를 살면 되는 것이다. 당연히 타인의 시선으로 나를 바라보며 스트레스를 받을 필요도 없다.

남을 배려하는 마음에서 누군가를 의식하고, 혹은 다른 사람들에게 능력을 인정받으려고 평가에 신경 쓰고 노력하는 것은 당연한 일이다. 하지만 지나치게 남의 시선이나 평가를 의식해 끊임없이 스스로를 검열하는 것은 여러모로 건강하지 못하다.

'다른 사람들이 날 어떻게 생각할지 두려워서' '남들이 우습게 볼까봐' '무시당하고 싶지 않아서'라는 생각으로 항상 다른 사람의 시선을 의식하고 그들의 잣대로 자신을 평가하며 산다는 것은 결국 지금 '있는 그대로의 나'에 대해 스스로 자신이 없다는 것을 의미한다.

본받고 싶은 롤 모델의 입장에서 생각해보기

.... 타인을 지나치게 의식하는 것에서 벗어나려면 어떻게 해야 할까?

이때 도움을 줄 수 있는 것이 '롤 모델' 테크닉이다. 먼저 자신이 본받고 싶은 롤 모델을 정한다. 그러고 나서 '그 사람이 나라면 어떤 마음가짐으로 어떤 생각을 할까'라고 그 사람의 관점에서 생각해보는 것이다.

여기서 중요한 것은 롤 모델의 겉모습이 아닌 내면을 따라 해보는 것이다. '만약 ○○(롤 모델)이 지금 나와 같은 상황에 있다면 그 사람은 어떤 마음과 생각을 갖고 어떤 행동을 하고 있을까'라고 가정해본다.

예를 들어 어떤 상황에서 '다른 사람들이 이런 내 모습을 본다면 날 우습게 볼 거야'라는 부정적인 생각이 들 때 이렇게 상상해보는 것이다. '내 롤 모델은 이 상황에서 어떤 생각을 할까?' '만약 내가

롤 모델과 같이 좀 더 긍정적이고 자신감이 있었다면 어떻게 행동했을까?'

이와 같이 기회가 있을 때마다 '그 사람이 나라면 직장에서, 혹은 가족이나 친구, 지인들과의 관계에서 어떤 생각과 행동을 할까?' 라고 대입하면서 그에 따라 행동해본다.

만약 우리가 '나는 충분히 괜찮은 사람'이라는 긍정적인 믿음을 가졌더라면 자신을 좀 더 아끼고 사랑하고 존중했을 것이다.

학교나 직장에서 '괜찮은 사람'답게 할 일을 더 열심히 하고, 가정에서도 가족에게 더 따뜻하게 말을 건네고, 스스로에게도 '오늘도 열심히 사느라 수고했어'라는 말을 아끼지 않았을 것이다.

이처럼 우리가 가진 마음속의 믿음은 우리의 말과 행동에 영향을 끼친다.

지금까지 자신이 살아온 날들을 돌아보자. '나는 보잘것없다'라거나 '나는 잘난 것이 없다'라는 부정적인 믿음을 갖고 그에 걸맞은 선택과 행동을 하며 살아왔는가? 그렇다고 해서 앞으로 남은 인생도 똑같은 생각과 행동을 하며 살 필요는 없다.

그 대신 '지금 내 모습이 완벽하진 않지만 이대로도 충분히 괜찮아'라는 좀 더 긍정적인 믿음을 가져보자. 그러면 그에 적합한 긍정적인 선택과 행동을 하고 남의 시선에 쉽게 좌지우지되지 않으며 조금 더 행복한 하루하루를 살 수 있지 않을까.

"우리가 완벽하지 않고
불완전하다는 것은
지극히 자연스러운 일이야.
또한 현재 상태에 머무르지 않고
앞으로 발전할 수 있는
미래가 있다는 뜻이야."

소중한 사람들이 상처를 줄 때

CHAPTER 17

상담가라는 직업 특성상 친구들이나 지인들에게 상담 요청을 받을 때가 종종 있다. 특히 명절 직후에는 가족 때문에 스트레스를 받는다고 하소연하는 지인들의 메일이나 전화를 받는 횟수가 늘어나곤 한다.

시대가 바뀌고 과거에 비해 여성의 교육 수준이 높아지면서 여성의 사회적 위상도 높아졌지만 우리나라의 가족이라는 시스템 안에서는 아직도 갈 길이 멀다. 많은 가정에서 '전통이니까' '집안 분위기 때문에' '위계질서를 위해'와 같은 이유로 여성들의 목소리가 묻히는 것이 현실이다. 가족 시스템 안에서는 '남자와 여자가 함께'라는 수평 관계가 아닌 '남자와 달리 여자는 이래야만 한다'는 상하 관계가 아직도 당연하게 받아들여지고 있는 것이다.

그러다보니 가족 모임 전후, 특히 명절 전후에는 많은 사람들이 가족 간의 갈등으로 큰 스트레스를 받아 분노하고 '명절 증후군'이나 화병 증상을 호소하는 경우가 빈번하다.

이때 많은 여성들이 화가 나는 이유는 무엇일까. 그것은 '남자들이 거실에 누워 TV만 보기 때문에' '시어머니 때문에 친정에 가지 못해서' '며느리라는 이유로 명절이면 종처럼 일만 하게 되어서' '가족들이 내 희생을 당연하게 여겨서' 등과 같이 가족들이 마음에 상처를 주어서 그럴 것이다.

만약 이런 이유라면 화가 나지 않기 위해서는 내 가족이 먼저 바뀌어야 할 것이다.

이제 이런 이유 뒤에 어떤 생각이 숨어 있는지 곰곰이 생각해보자. 그 밑바탕에는 '명절은 가족이 다 함께 즐거운 시간을 보내는 날이므로 여자만 일하지 말고 남자도 함께 일해야 한다' '며느리도 친정에 가서 딸 노릇을 해야 하니 일찌감치 친정에 보내줘야 한다' '요즘 시대에는 남자와 여자가 동등하게 교육받고 함께 일하기 때문에 명절이라고 여자만 일해서는 안 된다' '가족들은 내가 희생하는 것을 고마워해야 한다'는 생각이 깔려 있다.

결국 하나씩 살펴보면 모두 '다른 사람들은 이렇게 해야 한다'는 당위성을 바탕으로 하고 있음을 알 수 있다. 그런데 '~해야 한다(should)'는 당위성이 타인에게 부여되었을 때 이런 내 믿음에 반하는 타인의 모습을 보게 된다면 나는 그때마다 분노를 느낄 수밖에 없다.

.... 물론 앞의 생각
들 가운데 틀린 것은 하나 없고 모두 맞는 말이다. 그런데 다른 사
람들이 내가 바뀌길 원한다고 해서 내가 나를 변화시킬 이유가 없
듯이 다른 사람들 또한 내가 원하는 대로 바뀌어야 할 이유는 어디
에도 없다.

물론 내 관점에서 보면 내 생각이 옳고 상대방이 바뀌어야 할 것
이다. 하지만 내가 이런 내 생각을 버리지 않고 계속 고집할 경우
상대방이 조금도 바뀌지 않고 그대로인 모습을 보면 나는 결국 화
가 날 수밖에 없다.

그렇기 때문에 슬프긴 하지만 다른 사람들이 내가 원하는 대로
바뀔 것이라 기대하지도, 원하지도, 그들을 바꾸려 애쓰지도 않는
것이 가장 현명한 일이다.

'~해야 한다'는 사고 패턴은 누구든 화가 나게 하는데, 그 이면
에는 사실 다음과 같은 비현실적인 믿음이 숨어 있기 때문이다.

'이 세상은 항상 공평해야 한다.' '사람들은 누구나 항상 내가
올바르다고 믿는 말과 행동을 해야 한다.'

그러나 안타깝게도 이 세상은 항상 공평하지도, 사람들의 생각이
모두 같지도, 모든 사람들이 내가 옳다고 믿는 말과 행동을 하지도
않는다. 세상에는 불공평한 일이 비일비재하게 일어나며, 많은 경
우 우리가 아무리 노력해도 어쩔 수 없는 것투성이다. 따라서 이 세
상과 다른 사람들을 향해 '이건 이래야만 해' '저건 저래야만 해'

하며 비현실적인 기대를 계속한다면 우리는 어쩔 수 없이 엄청난 분노를 느끼며 살아야만 한다.

그러므로 우리는 완벽하지 않은 세상에 살고 있으며 때로는 우리 힘으로 바꿀 수 없는 것도 많이 있다는 현실을 겸허히 인정하고 받아들여야 한다.

이제부터는 '~해야 한다'와 같이 내가 가진 한 가지 생각만이 옳다는 시각을 버리자. 그 대신 '~하면 좋을 텐데(preferable)' '~하면 좋겠지만 혹시 그렇지 않아도 괜찮아'라는 바람으로 바꾸어 생각해보자.

즉, '내가 희생할 때 가족들이 고마워해주면 참 좋을 텐데'라고 생각하는 것이다. 만약 상대방이 고마움을 표현해준다면 좋겠지만 이는 내 개인적인 생각일 뿐, 정작 상대방은 그런 생각을 전혀 하고 있지 않을 가능성이 매우 크다.

당위성을 버리고 생각의 방향을 조금만 틀어준다면 설사 상대방이 고마워하지 않는다고 하더라도 조금 실망스럽거나 기분이 좋지 않을 뿐, 불같이 화가 날 정도로 강한 감정은 들지 않을 것이다.

또한 문제의 원인을 매사에 가족이나 다른 사람에게로 돌리며 남 탓만 하게 되면 나는 무력감을 느낄 수밖에 없다. 문제의 원인이 내가 아니기 때문에 그들이 행동을 바꾸지 않는 한 내가 할 수 있는 일은 아무것도 없고, 따라서 문제가 해결되지 않을 것이기 때문이다.

다른 사람들이 알아서 먼저 문제의 근본을 파악하고 스스로 변화한다면 세상일은 참 쉬울 것이다. 그러나 스스로 문제를 자각하고 피나는 노력을 하지 않는 한, 사람들은 대개의 경우 쉽게 변하지 않는다. 사람들은 그동안 자신이 살아온 방식에 익숙함을 느끼기 때문에 이제까지 살아온 그대로 앞으로도 계속 살아갈 것이다.

내가 아무리 화를 내고 문제를 지적한다고 하더라도 그때만 잠시 동요될 뿐, 사람들은 변하지 않은 채 다시 예전과 똑같은 모습으로 되돌아갈 것이다. 그러면 해결되지 않은 문제와 조금도 변하지 않은 사람들을 보며 나만 더욱 분노하고 내 속만 활활 타올라 까맣게 타들어갈 뿐이다.

상황을 바꿀 힘은 누구에게 있는가?

··· 그렇다면 이대로 화를 내며 살아갈 때 결국 손해를 보는 것은 누구일까. 나는 계속해서 상처를 받지만 사람들은 바뀌지 않는다. 그러면 나는 변하지 않는 그들을 보며 무기력함을 느끼고 또다시 마음의 상처를 받는 악순환이 계속된다.

이 악순환의 고리를 끊어내 분노라는 감정에서 해방되기 위한 해결 방법은 단 하나뿐이다. 수동적으로 다른 사람이 변화하길 기다리는 것이 아니라 능동적이고 적극적으로 내가 나를 보호하며 나 스스로 변화하는 것이다.

다른 사람이 변화하길 기다리는 것은 그들에게 내 파워를 주는 것이나 다름없다. 이 상황을 바꿀 수 있는 파워를, 나에게 상처를 주고 있는 문제를 거둬낼 수 있는 파워를 내가 갖고 있는 것이 아니라 다른 사람에게 주는 것이기 때문이다.

다른 사람을 탓하게 되면 나의 모든 정신은 그 사람을 변화시키는 데 주력하게 된다. 그러나 이는 내 소중한 에너지와 시간을 낭비하고 정신 건강을 해치는 쓸모없는 헛수고일 뿐이다.

사실 나를 화나게 하는 사람들이 나와 아무런 상관도 없는 사람들이라면 '뭐 저런 사람들이 다 있담' 생각하고 안 보면 그만이다. 그러나 가족은 나와 밀접한 관계가 있고, 평생 관계를 지속해야 하며, 나에게 소중한 사람들이다. 그렇기에 우리는 가족 때문에 더 큰 상처를 받고 화가 난다.

내가 모르는 사람들보다 가족에게 더 큰 상처를 받는 이유는 내가 가족에게 '나에게 소중한 사람들'이라는 의미와 권위를 부여했기 때문이다. 내가 모르는 사람들은 나에게 중요한 사람들이 아니기 때문에 나 또한 그들에게 바라거나 기대하는 것이 별로 없다. 따라서 그들이 어떤 말과 행동을 하든지 나에게는 그다지 큰 영향을 끼치지 않는다.

그러나 가족은 나를 잘 알고 나에게 중요한 사람들이기 때문에 어떤 상황에서도 그들이 나를 이해하고 위로해주고 특별히 생각해주길 믿고 기대한다. 그래서 가족의 말과 행동이 이런 내 바람과 기대에 어긋나면 더 크게 상처받고 화가 나는 것이다.

하지만 좀 더 냉정해질 필요가 있다. 단지 가족이라는 이유로 그들에게 내 인생을 책임지라 할 수 없듯이 나 또한 그들의 생각이나 삶을 나에게 맞추라고 강요할 수는 없다.

다른 사람에게 화살을 돌려 남 탓을 하기 전에 나 스스로에게 다음과 같은 질문을 해보자.

"내 믿음과 가치관을 무의식적으로 다른 사람에게 강요하고 있지는 않은가?"

"사람들이 나와 생각이 다를 수 있음을 인정하고 받아들여 '그래도 괜찮아'라는 융통성을 가져보면 어떨까?"

"지금 이 상황에서 문제 해결을 위해 나는 무엇을 할 수 있을까?"

분노라는 감정을 느끼며 상처받고 괴로워하는 사람은 바로 나 자신이다. 따라서 자신의 감정에 대한 책임을 져야 할 사람 혹은 책임을 질 수 있는 사람도 나뿐이다. 분노라는 감정에서 벗어나 나를 보호하기 위해 내가 주체가 되어 할 수 있는 일을 찾아보자.

즉, '~해야 하는데 저 사람은 왜 저러지'와 같이 엄격하게 잣대를 들이대는 생각 대신 다음과 같이 덜 엄격하고 융통성 있는 생각을 하는 연습을 해본다.

'사람들이 항상 옳은 행동을 하면 좋겠지만 이 세상에는 그렇지 않은 사람이 더 많다.'

'이런 일은 내 인생을 크게 놓고 봤을 때 나중에 생각도 나지 않을, 아주 사소한 일이다.'

'내가 조절하고 바꿀 수 있는 게 아니면 그냥 내버려두자.'

'사람들은 각자가 가진 가치관과 생각에 따라 행동하는 것일 뿐,

나와 다르다고 해서 반드시 잘못되거나 나쁜 것은 아니다.'

'모든 사람들이 내가 옳다고 생각하는 행동을 해야 하는 건 아니다.'

이런 연습과 함께 '심리적 경계선 긋기' 테크닉을 연습하는 것도 도움이 될 수 있다.

"지금 상황에서 단호하게 내 감정을 표현한다면 건설적인 결과로 나타날 것인가"라는 질문을 스스로에게 던져보자.

이때 만약 "그렇지 않다"라는 대답이 나온다면, 다시 말해 불필요한 논쟁이나 대화를 이어감으로써 얻는 것보다는 잃는 것이 더 많다면 차라리 에너지를 아끼는 것이 더 나을 수도 있다. 때에 따라서는 문제를 그대로 두는 것이 모두를 위해 더 낫기 때문이다. 상대방의 실수나 단점을 지적하기보다는 눈감아 주며 '뭐, 그럴 수도 있지'라고 생각하거나, 이 세상 모든 사람들이 다 내가 기대하는 대로 살 수는 없다는 현실을 받아들이며 좀 더 열린 마음으로 한 발짝 물러서는 것이다.

여러 사람과 함께 있는 자리에서는 나와 생각이 다른 사람들도 많기 때문에 서로 의견 충돌이 생기면서 화가 날 일도 많아지기 마련이다. 명절 때면 특히 여러 가족과 친척들이 한자리에 모이면서 가시방석 같은 불편함을 감수해야 할 때가 적지 않다. 만날 때마다 나를 화나게 하는 사람이 있다면 그 사람에게 단호한 태도를 보여 내 감정을 표현하는 것도 나쁘지 않다. 하지만 만약 그 사람이 평생을 그런 방식으로 살아온 '원래 그런 사람'이고 그냥 생각 없이 말을 내뱉는 것일 뿐, 그 말과 행동 뒤에 별다른 악의가 없다면 굳이 그 사람을 일깨우려 드는 것은 괜한 에너지 낭비일 수 있다. 이럴 때는 그냥 눈 딱 감고 지나가는 편이 낫다.

그러나 만약 자주 만나게 되는 사람이 나에게 해를 가하는 사람이라면 좀 더 적극적인 태도가 필요하다. 그 사람을 만날 때마다 마음속에서 분노가 끓어올라 같은 공간에 있는 것조차 힘들다면 나에게 정신적인 해를 가하는 사람이므로 심리적 경계선을 그어 나를 보호해야 한다. 되도록 만날 기회를 피하고 굳이 나가지 않아도 되는 자리라면 나가지 않는 것도 좋다.

내 인생 안으로 최대한 그 사람이 들어오지 못하도록 건강한 경계선을 긋는 것이 필요하다. 경계선을 긋지 않으면 그 사람은 자신이 원할 때마다 내 인생에 들어오게 되고, 나는 분노에 압도된 삶을 살게 될 것이다. 경계선을 그은 뒤에는 내 안에서 분노를 내보내야 한다. 분노가 내 삶을 조종하도록 무기력하게 내버려 두는 것이 아니라 내가 분노를 조종해 내 삶의 주인이 되는 것이다.

"가족들에게 화가 난다는 건
네가 '가족'이라는 의미를 부여하는 순간
무의식적 기대를 하기 때문이야.
그리고 그 기대가 충족되지 않을 때
우리는 원망을 하게 돼.
그러니 가족이 아닌 한 사람의 인간으로 바라봐.
기대가 사라지면 자연스럽게
분노의 강도도 옅어지게 돼."

거절은 단호하게, 하지만 친절하게

CHAPTER 18

　사람은 누구나 다른 사람에게 좋은 인상을 주기를 바란다. 주변 사람에게 '괜찮은 사람'이나 '좋은 사람'이라는 소리를 듣고 싶어 하고, 가까운 사람들과 좋은 관계를 유지하고 싶어하는 것은 지극히 정상적인 욕구다.

　그런데 의외로 우리 주위에는 주변인들의 평판이나 반응에 지나치게 민감해 자신의 의견을 솔직하게 표현하지 못하는 사람들이 많다. 때로는 자신의 손해를 감수하면서까지 남의 부탁을 거절하지 못하거나 타인의 의견에 무조건 따르는 사람도 적지 않다.

　이런 유형의 사람을 가리켜 '착한 사람 콤플렉스 또는 증후군(the nice guy syndrome)'이 있다고 표현하는데, 이런 사람들은 '다른 사람이 원하거나 좋아하는 행동을 해야만 좋은 사람이다'라는 강박적인 사고를 한다. 그리고 '만일 부탁을 거절하면 섭섭해하거나 나를 욕하지 않을까?' '화가 나서 날 멀리할지도 몰라' '날 싫어하면 어쩌지?'와 같은 걱정과 두려움 때문에, 혹은 다른 사람에게 오직 좋은 말만 듣고 싶어 자신의 진짜 속마음은 숨긴 채 상대방이 원하면 아무리 힘들고 곤란한 일이라도 하려고 한다.

착한 사람 콤플렉스가 있는 사람들은 대개 굉장히 예의 바르고 친절하고 타인에 대한 배려심이 많아 누구와도 스스럼없이 잘 지낸다는 특징이 있다. 본인 스스로도 '누구에게나 친절한, 정말 착하고 좋은 사람'이라고 생각하며, 자신이 모든 사람들에게 잘 하면 그들도 모두 자신을 좋아할 것이라고 믿는다. 즉, 사람들이 모두 자신을 좋아하게 하려면 사람들에게 잘 하고 그들에게 맞춰서 배려하고 신경 써줘야 한다고 믿는 것이다.

때로는 상대방이 불편해하거나 부담을 느낄 정도로 지나친 친절이나 배려를 베풀기도 하는데, 상대방이 자신의 행동을 부담스러워한다는 것을 알아차리지 못하고 도리어 자신에게 고마워할 거라고 생각하기도 한다.

내가 베푼 친절은 왜 돌아오지 않을까

.... 물론 모든 사람들에게 골고루 예의 바르고 배려 있게 행동하며 친절하게 대하는 것은 무척 좋은 장점으로 이런 사람들은 대체로 주변에 적이 없다. 그런데 문제

는 자신이 하고 싶어서, 혹은 해야 할 일이라서 하는 것이 아니라 하고 싶지도 않고 자신이 할 일도 아닌데 자기 욕구를 누르고 상대방을 만족시키려 어쩔 수 없이 한다는 데 있다.

이들은 마음과 다른 행동을 계속하다보니 속으로는 큰 스트레스를 받고 울분이 쌓이지만, 자신의 생각을 마음속에 꾹꾹 눌러둔 채 겉으로 표현하지 못하고 남의 부탁에 '노'라고 말하는 것을 힘들어한다. '노'라고 말하면 상대방을 섭섭하게 만들어 자신이 '나쁜 사람'이 돼버린다는 생각에 그 순간 느껴지는 불편한 마음을 감당하지 못하는 것이다.

또한 이들은 자신이 많이 배려하고 희생하는 만큼 다른 사람들도 자신의 수고를 알아주고 똑같이 배려해주길 기대한다. 따라서 자신이 남들에게 해준 만큼 남들도 해주지 않으면 큰 상처를 받으며 한번 상처를 받으면 오랫동안 마음에 담아둔다.

아이러니하게도 이들은 근본적으로 타인에게 좋은 이야기만 듣고 싶어하고 사람들이 모두 자신을 좋아해주기를 바라는 욕구가 있지만 정작 주변인들한테는 그다지 좋은 평판과 존중을 받지 못한다.

항상 자기 생각은 숨기거나 표현하지 않은 채 다른 사람들의 의견을 따르기 때문에 '우유부단한 사람' '자기 주관이 없는 사람' '물러터진 사람' 등으로 불린다. 또한 '쉬운 사람'으로 생각되어 도리어 다른 사람들에게 이용당하기 쉽다. "착하니까 내가 하자고 하는 건 다 좋다고 할 거야" "내가 부탁하면 무조건 들어줄 걸" "뭐든지 다 좋다고 하니까 의견을 물어볼 필요도 없어"라며 존중받지 못하고 묵살당하기도 한다.

따라서 다른 사람들에게 온갖 도움을 베풀지만 좋은 소리를 듣기보다는 도리어 피해를 당하는 경우를 종종 볼 수 있다.

40대 중반 직장 남성인 B씨는 전형적인 착한 사람 콤플렉스가 있는 사람이었다. 그는 모든 이에게 친절했고, 주변 사람들은 어려운 일이 있으면 제일 먼저 그를 찾았다. 그는 자신이 해야 할 업무만으로도 바쁘고 힘들었지만 누군가 도움을 요청하면 거절하지 못했다. 돈을 빌려달라는 사람에게는 돈을 빌려주었고, 일을 도와달라는 동료에게는 대신 일을 해주기도 했다. 그는 속으로는 싫었지만 사람들이 서운해할까봐 겉으로는 싫은 내색을 하지 않고 웃으면서 남들의 부탁을 모두 들어주었다.

그런데 언제부터인가 사람들이 그의 도움을 고마워하기는커녕 도리어 당연하게 여기기 시작했고, 이제는 떠맡기듯 부탁하는 일이 점점 많아졌다. 결국 B씨는 큰 스트레스를 받았다.

그는 사람들의 부탁을 거절하려고 이런저런 핑계를 대보기도 하고 말을 빙빙 돌려 해보기도 했다. 하지만 그때마다 사람들은 바로 섭섭한 티를 내거나 "그러지 말고 좀 해줘"라며 그를 회유했다. 그러면 그는 할 수 없이 다른 사람들의 부탁을 들어주고 나중에 다시 후회하며 스트레스를 받는 악순환의 연속에 빠졌다.

우리는 어렸을 때 "말 잘 듣는 아이는 착한 아이, 말 안 듣는 아이는 나쁜 아이"라는 말을 듣고 자랐다. 어른들의 말에 순종하고 부모님이 하라는 대로 하는 것이 바람직하고 착한 행동이며, 착한 아이는 칭찬을 받지만 나쁜 아이는 야단을 맞는다고 믿었다.

어린 시절의 이런 믿음이 성인이 되어서도 변하지 않고 그대로 고착될 경우 '다른 사람에게 사랑받기 위해서는 착해야 한다'거나 '다른 사람이 날 좋아하게 하려면 무조건 좋은 사람이 되어야 한다'는 무의식적 믿음을 갖게 된다. 그리고 타인이 원하는 일을 하고 타인의 필요를 채우려고 노력하며 타인의 요구에 순종하면서 '이렇게 행동하면 저 사람이 나를 좋아할 것'이라는 기대와 바람을 가진다.

사람은 태어날 때는 누구나 똑같이 자기주장이 강하다. 갓난아이는 기분이 좋으면 방긋거리며 웃고, 배가 고프거나 기분이 좋지 않으면 주변에 누가 있든 상관없이 울면서 감정을 있는 그대로 표현한다. 배가 고파서 울고 싶은데 속마음을 숨기고 일부러 방긋거리는 아기는 이 세상에 한 명도 없을 것이다.

그런데 커가면서 부모나 친구 등 주변의 다른 사람들이 어떤 말과 행동을 하느냐에 따라 아이는 인간관계에서 자신이 어떻게 행동해야 하는지를 터득하게 된다. 만약 화를 많이 내고 공격적인 부모 밑에서 자란 아이가 자신의 의견을 말할 때마다 부모에게 꾸중을 듣는다면 그 아이는 '내 생각과 감정을 말하면 안 된다'라는 믿음을 가지게 된다. 또한 기분이 나쁘거나 속상한 일이 있어도 꾹 참아야 하며 겉으로 감정을 표현해서는 안 된다는 말을 듣고 자란 아이는 자신의 속마음을 표현하지 않고 숨기는 방식에 익숙해진다.

부모가 남에 대한 배려를 지나치게 강조하거나, 자기 의사를 제대로 표현하지 않고 다른 사람의 의견을 순종적으로 따를 때마다 '착하다'는 칭찬을 받으며 자란 아이는 착한 사람 콤플렉스가 있는 어른으로 성장할 가능성이 크다.

물론 그렇다고 해서 생각과 감정을 제대로 표현하지 못하는 자신의 성격을 전부 부모 탓으로 돌리라는 것은 아니다. 우리 부모님 또한 그들의 부모님인 할머니와 할아버지로부터 그리고 조부모님 또한 그들의 부모님으로부터 그런 생존 방식을 배웠을 가능성이 크다. 다만 지금 자신에게 그런 성향이 있다는 것을 인지하고 윗세대로부터 대물림된 고리를 깨뜨리기 위해 노력해야 한다.

하고 싶지 않은 일을 부탁받는 순간

착한 사람 콤플렉스에서 벗어나기 위해서는 왜 자신의 욕구보다 다른 사람의 필요를 더 중요하게 여기는지를 알아내는 것이 무엇보다 중요하다.

이때 '수직 화살(vertical arrow)' 테크닉이 효과적이다. 누군가 내가 하고 싶지 않은 일을 부탁하는 순간 나는 어떤 생각을 하는지 곰곰이 생각해보자.

'그 일을 하지 못하겠다고 하면 섭섭해할 거야.' '부탁을 들어주지 않으면 날 나쁘게 생각하겠지.' '그냥 나만 참으면 아무 문제 없잖아. 괜히 불필요한 분란을 만들지 말고 해버리자.'

이와 같은 생각이 든다면 자신의 내면에 어떤 믿음이 자리 잡고 있는지 생각해보자.

내가 하고 있는 이 생각이 사실이라면 나에게 어떤 일이 일어날까, 왜 그것이 나에게 문제가 되는가, 또 나에게 의미하는 것은 무엇인가. 이름 그대로 수직으로 화살표를 하나씩 내려가면서 내 무의식 속에 자리하고 있는 두려움이 무엇인지를 찾아보는 것이다.

내가 부탁을 들어주지 않으면
상대방은 섭섭해하고 날 좋아하지 않을 것이다.

↓

(그러면 무엇이 문제인가.)

↓

날 좋아하지 않는다는 건
내가 그다지 좋은 사람이 아니라는 뜻이다.

↓

(그러면 무엇이 문제인가.)

↓

좋은 사람이 아닌 나는
친구도 없이 외톨이가 될 거다.

↓

(그러면 무엇이 문제인가.)

↓

외톨이가 돼버리면 난 혼자서

외롭고 불행한 삶을 살게 될 것이다.

이 경우에 자신의 무의식 속 가장 밑바닥에 자리하고 있는 감정은 결국 '나는 외롭고 불행한 삶을 살게 될 것'이라는 두려움이다. 그리고 이런 두려움은 '나는 혼자서는 행복해질 수 없으며 내가 행복해지기 위해서는 다른 사람들이 날 좋아해야 한다'는 믿음을 바탕으로 하고 있다.

자신의 무의식 속 감정과 믿음이 무엇인지 깨달았다면 이제 그것이 현실적인 생각인지, 아니면 왜곡된 믿음인지를 살펴봐야 한다.

만약 자신이 가진 이 믿음이 사실이라고 생각해보자. 그렇다면 자신의 행복은 타인으로부터 비롯되고 실제로 타인에게 좌지우지된다는 뜻이다. 이는 곧 자신의 행복을 위해 스스로 할 수 있는 일이 없다는 뜻이니 얼마나 무력한가.

그러나 그것은 사실이 아니므로 이 믿음은 잘못되고 왜곡된 것이다. 자신의 행복은 다른 사람이 대신 줄 수 있는 것이 아니며 나 자신만이 만들어낼 수 있기 때문이다.

자신의 생각을 표현하지 않고 타인의 의견만 따르는 행동 이면에 이런 왜곡된 믿음이 자리 잡고 있다는 것을 알았다면 내가 갖고 있던 믿음이 사실이 아님을 계속 되뇌며 스스로에게 반복적으로 주지시키는 것이 중요하다. 물론 오랜 시간 내면에 고착된 생각을 바꾸는 것은 쉽지 않은 일이다. 그러나 왜곡된 믿음으로 고통받고 있다는 사실을 깨달았으니 이제는 올바른 믿음을 갖기 위해 힘들지만 꾸준히 노력해야 한다.

즉, '내가 행복해지기 위해서는 다른 사람들이 날 좋아해야 한다'는 생각은 사실이 아니라는 것을 깨닫고, 이 왜곡된 믿음을 '내가 행복해지는 데 필요한 것은 다른 사람이 날 좋아해주는 게 아니라 나 스스로 행복해지는 것이다'라는 올바른 믿음으로 새롭게 대체하는 것이다.

이 세상에는 나를 좋아해주는 사람도 있지만 그렇지 않은 사람도 많다. 내가 아무리 친절하게 잘 대해주어도 내 행동과는 무관하게 자기 감정대로 아무렇게나 행동하는 사람도 있다. 다른 사람이 내게 무례하게 행동하거나 날 좋아하지 않는다고 해서 그 이유를 내 탓이라고 생각하는 것은 왜곡된 생각이다. 나를 진심으로 좋아하고 아껴주는 사람은 내가 거절 의사를 표현하더라도 나를 지지해주고 이해해주기 마련이다.

"나는 이런 이유로 도와주기 힘들다"

·· 새로운 믿음을 가지려는 노력과 함께 이제는 자신의 생각과 의견을 제대로 표현할 수 있어야 한다. 소극적인 사람이 아닌 단호한 사람이 되기 위해 자신의 생각을 말하고 의견을 표현하는 법을 연습해보자. 작고 힘없는 목소리 대신 침착하고 안정된 목소리로 또박또박 말하며, 상대방의 눈을

피하거나 고개를 숙이지 말고 자연스럽고 편안하게 자신의 의견을 이야기하자.

또한 거절을 할 때는 말을 빙빙 돌리거나 길게 돌려 변명하듯 하지 말고 최대한 짧고 간결하게 말하는 것이 효과적이다. 단도직입적으로 '나 문장'을 사용해 "나는 이런 이유로 도와주기 힘들다"와 같이 이야기하는 것이다. 구구절절 길게 변명을 늘어놓으면 상대방은 어떻게든 내 빈틈을 찾으려 할 것이다.

항상 '예스'만 하던 사람이 태도를 바꿔 '노'라고 말하면 주변 사람들의 태도 또한 변할 것이다. 어떤 사람은 섭섭해하기도 하고, 또 어떤 사람은 "갑자기 왜 그러냐" "사람이 변하고 차가워졌다"는 등 온갖 말로 당신을 조종하려 들지 모른다.

그러나 그렇다고 해서 다시 예전의 소극적인 '착한 사람'으로 돌아가면 당신은 다시 자기 주관이 없고 매사에 손해를 감수하는 쉬운 사람이 돼버릴 것이다. 주변 사람들의 어떤 회유에도 굴하지 말고 자신의 행복을 위해 '착한 사람'보다는 '친절하고 단호한 사람'이 되자.

다른 사람들이 모두 나를 좋아하길 바라는 것은 비현실적인 바람이다. 모두가 나를 좋아해주길 바라는 것보다는 누구에게나 존중받는 것, 이것이 더욱 현실적이고 행복한 삶의 열쇠가 될 것이다.

"거절을 하는 게 어렵다면
혹시 모든 사람들이 다 널 좋아해주길
원하고 있는 건 아닐까 생각해 봐.
사람들이 모두 널 좋아하길 바라는 건
비현실적이고 불가능한 바람일 뿐이야.
하지만 모든 사람들이 다 널 좋아하진 않더라도
네 의사를 분명히 하면 할수록
사람들로부터 '존중'은 받을 수 있어."

PART FOUR
"나는 감정적인 사람입니다"

더 이상 감정소모를 하고 싶지 않다면

CHAPTER 19

멜 깁슨이 나오는 〈왓 위민 원트(What women want)〉라는 영화는 어느 날 헤어드라이어를 손에 쥔 채 물이 담긴 욕조에 빠지면서 우연히 여자의 속마음을 읽을 수 있는 초능력을 갖게 된 남자가 주인공이다. 허무맹랑한 내용이긴 하지만 '내가 저 사람의 마음을 읽을 수 있으면 얼마나 좋을까' 라는 생각은 누구나 한 번쯤은 해봤을 것이다.

하지만 당연히 이렇게 타인의 속마음을 읽는다는 것은 현실에서는 불가능한 일이다. 우리는 종종 TV에서 상대방이 어떤 생각을 하는지 알아맞힌다는 마술사나 독심술사를 볼 때도 있지만, 이 경우에도 생각하는 색깔이나 숫자, 카드 등 단순한 것을 알아맞히는 데 그칠 뿐이다.

사람의 말이나 글, 몸짓 등을 분석해 숨은 심리 상태를 알아내 범인들의 진술을 분석하는 프로파일러도 마찬가지다. 역시 범인의 심리 상태에 대한 대략적인 유추는 가능하지만 백 퍼센트 정확한 속마음을 알아낸다는 것은 불가능하다. 또한 과학의 발달로 진실 여부를 알아내기 위해 거짓말탐지기가 사용되기도 하지만 오차의 가능성 때문에 그 결과가 법정에서 실질적인 증거로 채택되지는 않는다. 이와 같이 현실 세계에서는 누군가의 속마음을 읽어낸다는 것이 불가능한 일이다.

그런데 주변을 보면 일상에서 너무나 쉽게 다른 사람의 마음을 추측하려 하고 상대방이 무슨 생각을 하는지 혼자 단정지어버리는 사람이 많다.

이들은 마치 상대방의 마음속에 들어가보기라도 한듯 다른 사람의 속마음을 자기 멋대로 읽어내는 신통력을 발휘하고 상대방의 의도를 혼자 단정지으며 분노하곤 한다.

S씨는 분노 조절 프로그램에서 만난 클라이언트였다. 대학을 졸업하고 막 사회생활을 시작한 그는 직장 동료들과의 갈등 때문에 자주 화가 난다고 했다.

S씨는 자신과 마음이 맞을 때는 동료들을 한없이 좋은 친구라고 여기지만 반대로 자신과 의견이 다를 때는 지나치게 비판적이고 공격적인 태도로 동료들을 평가하며 분노했다. 그는 어떤 사회적 주제에 대해 자신과 다른 의견을 피력했던 한 동료에 대해 계속해서 분노하고 화를 냈는데, 특히 상대방의 생각을 미리 혼자 추측하

고 단정지어버리는 패턴의 사고를 반복했다.

"그 녀석이 어떤 생각을 할지 분명해요.""안 봐도 뻔하다니까요.""이런 거 보면 분명 좋아할걸요?""내가 걔 속을 뻔히 아는데.""이런 상황에서 걔가 어떻게 나올지 내 눈에 다 보인다니까요."

그는 자신이 사람을 '볼줄' 알기 때문에 사람들이 어떤 상황에서 어떤 생각을 하고 어떻게 반응할지 웬만하면 다 알 수 있다고 말했다. 설령 상대방이 자신은 전혀 그런 의도가 없었으며 그런 생각을 한 적이 없다고 말해도 그는 그런 말이 다 거짓이고 변명일 뿐이라며 믿지 않았다. 그가 가진 '내가 모를 줄 알아? 난 다 알아!'라는 식의 사고 패턴은 점점 더 그의 분노에 불을 끼얹고 있었다.

이렇게 상대방의 생각을 혼자 넘겨짚고 자기 멋대로 예측하는 왜곡된 사고 패턴을 가리켜 '상대방 마음 읽기' 또는 '독심술(mind reading)'이라고 한다. 이것은 특별한 근거 없이 성급하게 부정적으로 해석하고 결단을 내리는 '속단하기(jumping to conclusions)' 사고 패턴 가운데 하나다.

이런 사람들은 흔히 다른 사람이 하는 어떤 말이나 행동 때문에 화가 날 때 상대방이 일부러 나쁜 의도를 갖고 자신에게 그런 말과 행동을 했다고 생각한다. '나보고 한번 당해보라는 속셈으로' 또는 '날 골탕 먹이려고 일부러' 그렇게 했다고 믿어버리는 것이다. 그러나 상대방이 실제로 어떤 생각을 하고 어떤 속마음을 가졌는지 우리는 알 길이 없다.

단지 그런 '느낌'이 든다고 해서 실제로도 그것이 '사실'이라고 단정해버릴 수는 없다. 아무런 근거도 없는 상태에서 느낌만으로 '분명 이럴 것이다'라는 추측을 반복하는 것은 불필요한 에너지 낭비이며 스스로 화를 돋우는 일밖에는 되지 않는다.

우리나라 속담에 "하나를 보면 열을 안다"는 말이 있다. 어떤 한 가지 일을 보고 전체를 미루어 알 수 있다는 뜻의 이 속담은 사실 굉장히 위험한 일반화의 오류를 가져올 수 있다.

물론 사람은 어느 정도 일정한 패턴의 행동을 습관적으로 반복하는 습성이 있어 어떤 사람의 미래 행동을 유추하기 위해서는 그 사람의 과거 행동이 어땠는지를 되돌아 보는 것이 도움이 될 때도 있다.

그러나 사람은 누구나 때와 장소, 상황에 따라 생각과 행동이 변한다. 그런데도 일부 상황만 갖고 '모든 상황에서 분명 똑같이 그럴 것이다'라고 상대방의 생각을 미루어 짐작한 뒤 멋대로 재단하거나 매도하는 경우가 있다. 이는 마치 자신이 타인의 속마음을 읽을 수 있는 비범한 능력을 가졌다고 믿는 것이나 다름 없다. 이런 사고 패턴은 불필요한 분노를 가져오기 때문에 반복될 경우 인간관계를 해칠 뿐 아니라 스스로도 정신적으로 피폐해질 수 있다.

실제로 S씨는 동료들이 자신과 다른 의견을 낸 사실만으로 분노를 느끼는 게 아니라 동료들이 하고 있을 생각, 그들이 할 것 같은 말이나 행동을 머릿속으로 상상하며 혼자 미루어 지레짐작하고 단정 지으면서 더 큰 분노를 느끼고 있었다.

화는 축적할수록 점점 더 그 화력이 세지는 특성이 있어 머릿속으로 자꾸 곱씹어 생각하면 할수록 점점 더 화가 나기 마련이다. 화가 날 때는 그 바로 직전에 기분 좋지 않은 생각을 했기 때문일 가능성이 크다. '일부러 그렇게 행동했을 거야' '날 골탕 먹이려 한 게 분명해' '나에 대해 어떤 생각을 하고 있을지 안 봐도 뻔하지' 등과 같이 상대방의 생각을 넘겨짚으려 하는 것은 화를 돋울 뿐, 자신에게 아무런 도움이 되지 않는다.

계속 화가 난 상태로 있고 싶은가, 평온해지고 싶은가

화가 점점 더 많이 나면 스스로에게 이렇게 질문해보자.

"나는 화를 계속 내면서 불쾌한 기분을 유지하고 싶은가, 아니면 화를 가라앉히고 평온한 마음으로 있고 싶은가?"

화와 평온한 마음은 서로 상극이기 때문에 화를 내면서 동시에 평온한 마음을 느낄 수는 없다. 그러므로 이 둘 중 하나만을 선택할 수 있다. 당신은 어떤 기분을 유지하고 싶은가?

이때 도움이 되는 테크닉으로 '증거 수집'과 '반대 심문(cross-examination)'이 있다. 먼저 내가 사실이라고 믿는 생각을 뒷받침할 증거를 찾아 리스트를 만들어보자. 만약 리스트를 작성하는 과정에서 타당한 증거가 부족하다는 것을 스스로 깨닫는다면 자신의 잘못된 사고 패턴을 수정할 수 있다.

그러나 독심술 사고 패턴에 익숙한 사람은 다른 사람이 보기에는 논리적으로 맞지 않아 보이는 증거조차 타당하다고 여기며 자신의 왜곡된 믿음을 더 확신하는 경우가 종종 있다.

따라서 이런 경우에는 법정에서 자신의 주장을 입증하기 위해 상대 진영을 반대 심문 하듯이 자신이 작성한 리스트를 반박하는 처지에서 반대 증거를 찾아 반론을 준비해본다.

자신의 미래가 걸린 중요한 재판에서 반드시 무죄를 입증해야 한다고 상상해보자. 아마 모든 노력을 기울여 반대 심문을 준비할 것이다.

증거 수집과 반대 심문 연습을 통해 상대방이 특정한 생각을 하고 있을 거라고 믿는 근거는 무엇이며, 반대로 그런 생각을 하고 있지 않을 근거는 무엇인지 냉정하게 비교해볼 수 있다. 아울러 좀 더 신빙성 있고 타당한 증거와 근거를 찾는 이 과정에서 자신의 독심술 사고 패턴이 잘못됐음을 깨닫게 된다.

또 다른 방법으로는 '손해와 이득 재보기'가 있다. 상대방의 마음을 읽는 독심술 사고 패턴을 계속하는 것이 자신에게 어떤 손해와 이득을 가져다주는지, 어떤 장단점이 있는지를 분석해보는 것이다.

'날 골탕 먹이려 한 게 분명해' '날 분명 바보라고 생각했을 거야'와 같이 상대방의 의도를 멋대로 추측해 머릿속으로 쳇바퀴 돌리듯 반복한다면 나에게 어떤 도움이 되는가. 반대로 이런 생각을 멈추거나 덜 한다면 어떤 변화가 있는가. 펜과 종이를 준비해 장단점을 하나씩 적어보자. 이때 장점과 단점의 비율은 반반인가, 아니면 한쪽으로 치우쳐져 있는가.

S씨의 경우는 '사람들이 날 이용하려는 거야'라는 생각을 자주 했다. 그의 이런 생각 뒤에는 사람들에게 배신을 당하고 상처를 받을지도 모른다는 두려움과 불안한 마음이 있었다. 그는 하루에도 몇 번씩 이런 독심술 사고를 했고 그럴 때마다 화가 났다. 그러나 그런 부정적인 생각이 들면 드는 대로 분노라는 감정을 느끼기만 할 뿐, 그런 생각에 스스로 반박할 줄은 몰랐다.

나는 그에게 그런 생각을 계속했을 때 어떤 장단점이 있는지 리스트를 작성해볼 것을 권유했다. 그는 단점으로 '화가 난다' '동료들 얼굴 보기가 싫어진다' '우울해진다' '사람들이 자기들끼리 뭔가 작당하고 나 몰래 일을 꾸미는 것 같아 불안하다' '기분이 나빠져서 일에 대한 의욕이 없어진다' '사람들과 같이 있는 게 불편하다' 등 여러 가지를 거침없이 적어 내려갔다.

그 반면 장점을 적는 칸에는 '사람들의 생각을 미리 추측하면 나중에 사실임이 밝혀져도 놀라지 않을 수 있다' '사람들이 나에게 그런 행동을 실제로 하기 전에 미리 피할 수 있다' 이렇게 두 가지를 적었다. 그러고는 멈칫하더니 한참 동안 남은 빈칸을 마저 채우지 못했다.

그는 리스트를 작성해보면서 자신의 사고 패턴이 장점보다 단점이 훨씬 더 많다는 것을 처음으로 깨달았다.

그다음에는 그가 믿고 있는 생각들에 대한 증거 수집을 해보기로 했다. 그는 '날 골탕 먹이려 한 게 분명해' '사람들이 날 이용하려는 거야'라는 생각을 사실이라고 믿고 있었다. 나는 그에게 상대방에게 직접 물어봤는지, 사람들이 그렇게 말하는 걸 들었는지, 무엇을 근거로 그런 생각을 사실이라고 믿게 되었는지 물었다. 그리고 반대로 그 생각들이 사실이 아니라는 증거에 대해서도 생각해볼 시간을 주었다.

그는 정작 사람들이 자신을 골탕 먹이고 이용해서 얻을 수 있는 이득이 거의 없다는 것을 깨달았다. 그리고 설령 얻는 것이 있다고 하더라도 그렇게 계획하고 실행하려면 완벽에 가까운 치밀한 계획과 노력이 필요하므로 현실적으로는 불가능하다는 사실을 인정했다.

어떤 사람의 마음속에 직접 들어가 본 게 아닌 이상 모든 것은 자신의 추측일 뿐이다. 아무런 근거 없이 단순히 지레짐작해 생각하고 있지는 않은지, 상대방이 직접적으로 하지도 않은 말이나 행동을 자기 멋대로 추측하고 있는 것은 아닌지 생각해보자. 사실이 아닌 추측만으로 화를 낸다면 그것이야말로 불필요하게 에너지를 낭비하는 것이 아닌가. 그렇다면 당연히 자신에게 해를 끼치는 감정 소모를 하고 있는 셈이다.

물론 어떨 때는 우리가 추측하는 것이 사실로 판명 날 때도 있다. 따라서 무조건 사실이 아니라고 항상 부정만 하는 것은 현실적인 대책이 될 수 없다. 증거 수집 단계를 거치면서 만약 추측 했던 것 가운데 어느 정도 사실로 드러나는 부분이 있다면 그때는 문제 해결에 초점을 맞추면 된다.

다시 말해 만약 불공정한 일이 사실이라면 화를 내는 대신 단호한 자세로 자신의 생각을 상대방에게 이야기하면 된다.

Chapter 4

반대로 내가 개선해야 할 점을 찾아냈다면 자신을 좀 더 발전시키는 좋은 계기로 삼으라는 것이다. 수동적으로 화만 내는 데 그치는 것이 아니라 능동적으로 자신의 의사를 전달하고 부족한 점은 인정해 스스로 발전하는 계기로 삼아보자. 그것이야말로 진정 자신의 생각과 감정의 주인이 되는 열쇠가 될 것이다.

"머리로는 이해가 되지만
마음의 상처가 커서
아직 받아들여지지 않을 수도 있어.
그러면 네 스스로에게
따뜻한 위로를 더 많이 해줘.
네 자신을 소중히 보살펴 줄 수 있는 사람은
너 뿐이니까."

화가 나는 바로 그 순간

TV를 보다보면 사람들이 "나는 평소에 '욱' 하는 성격이 있다"고 거리낌 없이 말하기도 하고 주변에서도 그런 이야기를 하는 사람들을 심심찮게 볼 수 있다.

뉴스에서 자주 보도되는 '분노 조절 장애'나 '충동 조절 장애' 그리고 홧김에 범죄를 일으키는 '홧김 범죄' 등과 같은 용어만 봐도 우리 사회에 분노와 화가 만연해 있어 심각한 사회 문제가 되고 있는 것을 알 수 있다.

이렇게 분노가 올라오는 것을 가리켜 우리나라에서는 속되게 '뚜껑이 열린다'라고 표현하듯 영어에서는 '버튼을 누르다(push buttons)', 즉 누군가 내 분노 버튼을 눌러서 화가 났다고 표현한다.

분노의 감정은 짧은 순간 아무런 예고 없이 즉각적이고 자동 반사적으로 일어난다.

대부분의 사람이 공통적으로 분노를 느끼는 상황이 있는가 하면, 똑같은 상황이라도 어떤 사람은 화가 나지만 어떤 사람은 화가 나지 않을 수도 있다. 예를 들어 타인에게 자신의 물건이나 영역을 침범당했을 때, 부당한 일을 당했을 때, 약속을 바람맞았을 때, 욕설을 들었을 때, 누군가에게 속았을 때와 같은 상황에서는 정도의 차이는 있을 수 있지만 대부분의 사람이 화가 나기 마련이다.

하지만 자신은 화가 치밀어 오르는 상황인데 다른 사람은 "그게 뭐가 그렇게 화가 날 일이냐"고 하는 경우도 있다.

무언가 당신의 무의식적 믿음을 건드릴 때

그렇다면 왜 우리의 의지와는 상관없이 순간순간 분노가 '욱' 하고 올라오는 것일까? 왜 나는 다른 사람들이 보기에 사소한 일에도 화가 나는 걸까?

앞서 언급한 ABC 모델로 다시 돌아가보자. '어떤 선행된 사건(A)'이 일어났을 때 우리는 그에 대해 어떤 '신념과 믿음(B)'을 갖고 있어 어떤 생각을 하게 되고 이로 인해 감정이나 행동 등의 '결과(C)'가 나타난다.

즉, 우리가 분노를 느끼고 그 감정을 공격적인 말이나 행동으로 표현할 때는 우리의 '뚜껑'을 열리게 한, 혹은 '분노의 버튼'을 눌러 '방아쇠' 역할을 한 사건이나 상황(A)이 있기 마련이다. 똑같은 사건이라도 어떤 사람에게는 그 사건이 아무렇지 않은 일로 비치는 반면, 또 어떤 사람에게는 분노의 불씨를 던지는 방아쇠가 되기도 한다.

똑같은 사건이나 상황일지라도 이렇게 사람에 따라 다르게 받아들이는 것은 바로 사람마다 상황(A)을 다르게 해석하기 때문이다. 그리고 같은 상황을 각자 다르게 해석하는 것은 사람마다 갖고 있는 신념과 믿음(B)이 다르기 때문이다.

이 신념과 믿음은 어떤 상황에서 우리가 어떤 감정 (C)을 느끼게 될지, 얼마나 큰 강도로 그 감정을 표현할지(C) 그리고 그 상황을 어떻게 바라보고 해석하고 대응할지(C)에 영향을 끼친다.

예를 들어 모처럼 맞은 휴일, 한가롭게 집에서 음악을 들으며 쉬고 있는데 창문 너머로 아이들이 소란스럽게 공을 차며 노는 소리가 들린다. 이때 어떤 사람은 "도대체 누가 이렇게 시끄럽게 떠드는 거야? 공을 차려면 학교 운동장에 가서 찰 일이지, 휴일에 쉬지도 못하게 왜 여기서 소란이야?" 하고 버럭 화를 내며 창문을 쾅 닫아버릴지도 모른다. 하지만 창밖으로 공을 차는 아이들의 모습을 바라보며 "참 좋을 때다. 어릴 때는 나도 저렇게 친구들과 공놀이를 할 때가 있었는데" 하고 흐뭇하게 웃는 사람도 있을 것이다.

이때 두 사람은 각각 다른 무의식적 믿음을 갖고 있을 가능성이 크다. 만약 첫 번째 사람의 경우 '내 개인 영역은 그 누구도 침범하면 안 된다. 특히 나만의 공간에서 쉴 때는 아무도 날 방해해서는 안 된다'는 믿음을 갖고 있다면 이런 믿음에 반하는 상황에 처할 때마다 화가 날 것이다. 그 반면 그런 믿음을 갖고 있지 않은 사람의 경우에는 같은 상황일지라도 일상의 평범한 부분으로 받아들일 뿐, 크게 화가 나지는 않을 것이다.

우리가 가진 믿음은 그동안 어떤 경험을 하며 살아왔는지에 따라 달라진다. 가정에서 부모나 형제와 보낸 경험, 학교에서 또래 친구들과 했던 경험, 사회생활에서 겪은 경험, 연인 또는 배우자와 했던 경험 등이 축적되어 나 자신, 다른 사람들 그리고 더 나아가 내가 살아가는 세상에 대한 가치관을 형성한다.

예를 들어 부모한테서 "하지 마라" "그건 나쁜 거야"라는 말을 들었던 것에 대해서는 '해서는 안 되는 것'이라는 믿음을 갖게 되고, "그래도 돼" "괜찮아"라며 허용되었던 것에 대해서는 '해도 좋은 것'이라는 믿음을 갖게 된다.

정리되지 않은 아픈 기억이 만든 분노의 핫 버튼

··· 누구나 살아오는 동안 기분 좋은 경험도 하지만 때로는 상처받고 좌절하는 경험도 한다. 어떤 이유에서든지 스스로 불행하다고 느껴 두렵거나 마음 아프고 힘든 순간에 부모나 형제, 친구, 동료, 연인, 배우자 등 누군가에게 적절한 관심과 충분한 위로, 보살핌을 받으면 우리는 힘든 경험을 통해 정신적으로 성장하고 위기를 극복할 수 있는 힘을 기르게 된다.

그러나 이때 그 누구에게서도 충분히 위로받지 못하고 지나갈 경우 그 경험은 '정리되지 않은 아픈 기억'으로 우리 마음속에 남게 되고, 그 상처가 건드려질 때마다 자신을 보호하기 위한 방어기제로 화가 나게 된다.

그렇게 크게 화를 낼 상황이 아닌 사소한 일에도 화를 내는 것은 이처럼 마음속 정리되지 않은 일들(unfinished business)이 원인일 가능성이 크다.

과거에 화가 났던 상황, 혹은 상처를 받았거나 좌절했던 상황과 비슷한 일을 경험하면 무의식적으로 그때의 기억을 건드려 자극받게 되고, 이것이 곧 분노라는 감정으로 표출된다.

대부분의 사람은 누구나 갖고 있는 이 분노의 버튼 중에서도 아킬레스건처럼 특히 더 예민한 부분인 '핫 버튼(hot button)'이 있다. 즉, 이야기만 꺼내도 무조건 화가 치밀어 오르는, 자신의 무의식 속에 남아 있는 '정리되지 않은 아픈 기억'을 말한다. 심지어는 몇 년 또는 몇십 년이 흘러도 똑같은 강도로 화가 나는 경우도 있다.

우리는 과거에 화가 났던 것에 대해 현재도 여전히 변함없이 분노를 느낀다. 그런데 대부분의 사람은 자신이 분노를 느끼는 원인이 그때 입었던 마음의 상처나 좌절했던 경험에 있다는 것을 깨닫지 못한다.

따라서 마음속에 이런 정리되지 않은 기억들이 많으면 많을수록 외부로부터 오는 작은 자극에도 강한 반응을 보이고, 결국 평소에 자주 '욱' 하는 성격으로 나타나는 것이다.

직장인 W씨는 직장 상사와 관계가 좋지 않았다. W씨는 상사가 자신의 말은 전혀 들으려고 하지 않으며 자신을 만만하게 여겨 항상 무시한다고 했다. 그런데 그의 말을 자세히 들어보면 어느 직장에서나 있을 법한 수준의 사소한 일이었다. 하지만 그는 상사에게 말로 표현할 수 없을 정도로 심한 분노를 느꼈다.

이처럼 보통 사람이라면 대수롭지 않게 받아들일 일이 유독 W씨에게는 핫 버튼이 되어 분노를 일으키는 '방아쇠 작용'을 한 이유는 무엇일까. 그것은 W씨가 겪은 유년 시절의 경험 때문일 가능성이 크다.

어렸을 때 자신의 삶을 좌지우지하던 절대적인 존재인 부모와의 관계가 원만하지 못하면 성인이 된 뒤 직장 상사나 윗사람 등 자기보다 지위가 높거나 권위적인 존재에게 반발심을 느끼는 경우가 많다.

예를 들어 어린 시절 가부장적이고 엄격한 아버지 밑에서 자신의 감정을 억압하고 숨기며 자란 사람은 자기 아버지 연배의 남성이 자신에게 엄격하거나 권위적으로 대하면 무의식적으로 분노를 느낄 수 있다. 반대로 신경질적이거나 끊임없이 지적하고 화를 쏟아붓는 어머니 밑에서 자란 사람일 경우 아내가 신경질적으로 화를 낼 때 어린 시절 자신이 싫어했던 어머니의 모습을 떠올리며 분노를 느끼기도 한다.

만약 어린 시절 상처를 받았던 기억으로 성인이 된 지금 화를 내고 있다면 자신이 화를 내는 근본 원인이 무엇인지도 모르는 채 그 기억에 대한 방어기제가 작용하는 것이다. 그리고 작은 자극에도 화를 내는 것이 습관화되면 사소한 일에도 무조건 자동적으로 화부터 내고 보는 다혈질 성격으로 굳어지기 쉽다.

　실제로 W씨는 어린 시절 아버지와의 관계에서 정서적으로 어려움을 겪었는데, 그의 기억 속 아버지는 어린 그의 말에 단 한 번도 귀를 기울이거나 의견을 존중해준 적이 없었다. 무조건 자신의 생각만 강요하고 아이의 감정은 억압했던 아버지를 보며 W씨는 답답함과 분노를 느꼈다. 그런데 아버지 연배인 직장 상사의 모습에서 무의식적으로 어린 시절 자신에게 냉담했던 아버지의 모습을 봤던 것이다. 그리고 그때 아버지와의 관계에서 분노를 느꼈던 것처럼 상사와의 관계에서도 똑같은 분노를 느꼈다.

　사람은 누구나 정리되지 않은, 아픈 상처의 기억을 갖고 있어 그 기억이 건드려질 때마다 분노를 느끼게 된다. 사람들은 살면서 저마다 다른 경험을 하기 때문에 자극을 받는 상황도 각각 다르다. 따라서 다른 사람에게는 아무렇지 않은 일이라도 유독 자신에게는 강력한 핫 버튼이 되어 순간적으로 '욱' 하고 화가 나는 방아쇠 작용을 하는 것이다.

　물론 사소한 일에 화가 나는 또 다른 이유도 있다. 예를 들어 그날 자신이 어떤 기분인지도 큰 몫을 한다. 누구나 기분이 좋은 날이 있는가 하면, 하는 일마다 잘 안 풀리고 유난히 스트레스가 심한 날이 있다. 기분 좋은 날에는 아무렇지 않게 받아들일 수 있는 일도 기분 나쁜 날에는 크게 화를 내거나 폭발해버리기 쉽다.

예를 들어 평소에는 식사 시간에 아이가 젓가락질이 서툴러 음식물을 여기저기 흘리는 모습이 엄마의 눈에 전혀 거슬리지 않는다. 하지만 엄마의 기분이 별로 좋지 않거나 스트레스가 심한 날에는 아이의 그런 모습이 신경에 거슬려 "너는 대체 지금 몇 살인데 아직도 젓가락질을 그 정도밖에 못하니?"라고 화를 벌컥 낼 수도 있다.

이렇듯 우리 기분은 많은 것들의 영향을 받는다. 또한 사람에 따라 기질적 차이가 있어 감정 기복이 별로 없는 사람이 있는가 하면, 아주 심한 사람도 있다. 얼마나 편안한 수면을 취하느냐에 따라서도 기분이 달라지므로 잠을 제대로 자지 못한 날엔 쉽게 짜증을 낼 수도 있다.

그 밖에도 우리가 섭취하는 음식이나 알코올, 운동량 등에 따라서도 기분이 달라질 수 있다.

결국 여러 가지 스트레스가 많거나 가족, 친구, 친지, 직장 동료 등 인간관계의 질이 좋지 않을 때는 우리 기분도 좋지 않고, 사소한 일에도 쉽게 화를 내는 상황으로 이어지게 된다.

화가 나는 순간을 자각하는 능력

.... 사소한 일에 화가 나는 것을 줄이려면 어떻게 해야 할까. 우선 그 사소한 일이 무엇인지를 알아야 한다. 자신의 '분노의 핫 버튼'은 무엇인지, '방아쇠' 역할을 하는 상

황에는 어떤 경우가 있는지에 대한 이해와 성찰이 필요하다. 이를 위해서는 매일 화가 날 때마다 메모나 녹음을 해서 기록하는 것이 도움이 된다.

먼저 오늘 자신이 어떤 상황에서 화가 났는지를 기록해본다.

이때 좀 더 생생한 기억을 자세히 남기려면 각각의 상황 후 되도록 빨리 기록하는 것이 좋다. 자신이 어떤 상황에서 분노를 느끼는지 그 패턴을 이해하게 되면 어떻게 대처해야 할지 방법을 알 수 있다. 화가 났던 상황을 기록한 뒤에는 각각의 상황에서 자신이 어떤 반응을 보였는지를 생각해보자. 즉, 그 순간 자신의 머릿속에서 어떤 생각이 스쳐 지나갔고 어떤 말과 행동을 했는지를 기록하는 것이다. 아마도 자신이 했던 생각들은 대부분 자신의 화를 돋우는, 도움이 되지 않는 생각이었을 것이다.

그 생각이 자신에게 도움이 되지 않는 생각임을 깨달은 뒤에는 그 생각들을 화를 돋우지 않는 중립적인 생각으로 '수리' 또는 '재조정' 하는 단계가 필요하다.

이렇게 나만의 핫 버튼 인식하기("나는 어떤 상황에서 자주 화가 나는가")-반응 기록하기("나는 그 상황에서 주로 어떤 말과 행동을 하는가")-생각 기록하기("나는 그 말과 행동을 하기 전에 머릿속으로 어떤 생각을 했는가")-생각 재조정하기("화를 돋우는 생각을 다른 어떤 중립적인 생각으로 바꿀 것인가") 연습을 여러 번 반복해보자. 그러면 화가 나는 순간 스스로 이를 자각할 수 있는 능력이 생기고, 궁극적으로는 자신의 내면에 갖고 있는, 나를 화나게 하는 생각을 그렇지 않은 생각으로 바꿀 수 있다.

즉, 자신의 마음속에 정리되지 않고 남아 있는 기억들을 정리하는 연습이 될 수 있다.

직장 상사를 볼 때마다 어린 시절 자신을 억압하고 무시했던 아버지의 모습을 무의식적으로 떠올렸던 W씨는 직장 생활을 하는 하루하루가 지옥과도 같았다. 그는 매일 아침 출근해 직장 상사를 볼 때마다 화가 나 기분이 잡치고, 상사의 말투와 행동 하나하나가 다 진저리나게 싫다고 했다. 특히 그에게 방아쇠 작용을 하는 핫 버튼은 아침마다 제대로 눈도 마주치지 않고 인사도 건성으로 받는 둥 마는 둥 하는 상사의 냉담한 모습이었다.

상대방이 인사를 잘 받아주지 않는다고 해서 모든 사람이 다 W씨처럼 크게 화가 나지는 않는다. 이런 사소한 일에 크게 화를 내는 것으로 보아 그가 과거에 겪었던 비슷한 경험이 '정리되지 않은 기억'으로 남아 있을 가능성이 컸다.

사실 W씨는 과거에 아버지의 무관심한 행동으로 상처를 받았을 때 아무에게도 충분한 위안을 받지 못했기에 그때의 감정이 마음속에 그대로 남아 있었다. 그러다 현재 직장 상사한테서 아버지와 비슷한 모습을 발견하면서 그때 느꼈던 분노의 감정을 다시 느끼게 된 것이다. 바로 이런 자신의 상태를 스스로 인지하는 것이 중요하다.

나는 W씨에게 그 감정이 누구에게 향하는 분노의 감정인지 물었다. 정말로 직장 상사가 인사를 제대로 받아주지 않는 것에 대한 불만인가. 아니면 그 상사한테서 예전에 나를 바라봐주지 않았던 아버지의 냉담하고 차가운 모습을 무의식적으로 느끼고, 그때의 아버지를 향해 화를 내고 있는 것인가. 그제야 그는 자신이 매일 아침 직장 상사를 볼 때마다 마음속에서 화가 올라오는 진짜 이유를 깨달았다.

그는 이제 자신의 핫 버튼을 이해하기 시작했다. 그렇다면 앞으로 이런 방아쇠 역할을 하는 상황에 어떻게 적절히 대처할 것인지 그 방법을 찾아야 했다.

내가 W씨에게 화가 나는 상황에서 어떻게 반응하느냐고 묻자, 그는 매번 화가 치밀어 올라 직장 상사를 쏘아본 뒤 상사의 얼굴이 보기 싫어 등을 돌려 앉는다고 대답했다. 그리고 그런 행동을 하기 전에 그는 '내 인사를 받지도 않는 건 날 인간 취급도 안 한다는 거야' '날 무시하는 게 분명해'와 같은 생각을 한다고 덧붙였다.

하지만 이런 생각들은 그의 화를 점점 돋우는 역할을 하기 때문에 화가 나지 않을, 다른 중립적인 생각으로 수정해 대체해야 한다.

상사에게 무시를 당한다고 믿는 그의 생각 뒤에는 어린 시절 아버지와의 관계에서 받았던 상처가 무의식적인 믿음이 되어 마음속에 자리 잡고 있었다.

즉, '내가 눈을 쳐다볼 때는 상대방(아버지)도 반드시 내 눈을 쳐다봐야 한다(내 눈을 쳐다봐 주면 좋으련만)' '내가 인사를 건넬 때는 상대방(아버지)도 무조건 하던 일을 다 제치고 내 인사를 받아주어야 한다(내 인사를 받아주면 좋으련만)' '내 직장 상사(아버지)는 언제나 내게 친절히 대하고 좋은 사람이어야 한다(친절하고 좋은 사람이면 좋으련만)'라는 무의식적인, 그러나 비현실적인 믿음(상처)이 숨겨져 있었다. 그리고 이런 생각이나 믿음은 결국 그것과 다른 행동을 하는 사람들을 보면 분노를 불러일으키게 한다.

나는 W씨에게 화가 나는 그 순간 자신을 화나게 하는 생각을 자각해 다음과 같이 좀 더 열린, 중립적인 생각으로 바꿔볼 것을 제안했다.

— '내가 눈을 쳐다볼 때 상대방도 같이 나를 보면 좋겠지만 그렇지 않더라도 괜찮다.'
— '내가 인사를 건넬 때는 상대방도 하던 일을 멈추고 인사를 먼저 받아주면 좋겠지만 그렇지 않더라도 괜찮다.'
— '날 쳐다보지 않고 내 인사를 받지 않는 건 꼭 날 무시해서가 아니라 인사를 받지 못할 정도로 바쁘거나 아니면 인사를 별로 중요하게 여기지 않는 사람이거나 그 밖에도 얼마든지 다른 이유가 있을 수 있다.'
— '화가 난다고 상대방을 쏘아보면 나만 더 화가 날 뿐, 아무런 도움이 되지 않는다.'
— '내 직장 상사가 항상 나에게 친절하고, 더 나아가 좋은 사람이면 좋겠지만 그렇지 않다고 해서 굳이 내가 화를 낼 이유는 없다.'

이렇게 생각을 조금만 수리하거나 재조정해보면, 즉 같은 상황이라도 시각을 조금만 달리해보면 그 뒤에 따라오는 감정도 달라지게 된다.

이런 연습을 반복하면 마음속 정리되지 않은 기억들을 조금씩 정리하게 되어 그동안 자리 잡고 있던 내면의 잘못된 믿음 또한 바뀔 수 있다.

W씨는 천천히 자신의 생각을 바꾸는 연습을 하면서 그의 마음속에 자리 잡았던 분노를 조금씩 내려놓을 수 있었다.

하루아침에 당장 변화하기는 어렵지만 꾸준히 연습하고 노력한다면 자기 자신도 왜 화가 나는지 이유도 모르는 채 사소한 일에 화를 내는 것을 줄일 수 있다.

"화가 치밀어 오를 때는
상대방에게 네가 요구하는 게 무엇인지 생각해봐.
상대방의 어떤 점이 바뀌길 원하는지.
하지만 상대방이 바뀌길 기대하기 보다는
'바뀌지 않아도 나와는 상관없어' 라고
스스로를 설득해봐."

상처받았기 때문이다

화(火)는 불과 같아서 잘못 다루면 매우 위험한 감정이다. 우리는 어떤 상황에 불공평하다고 느끼거나 자기 것을 침범당해 위험하다고 느낄 때 화가 난다.

그런데 겉으로는 화라는 감정으로 표출되지만 그 내면에는 다른 감정이 숨어 있기 마련이다. 다음 사례를 보자.

맞벌이 부부로 살고 있는 C씨는 평소 퇴근 시간이 늦어 집안일을 하는 것이 벅차다. 결혼하기 전에는 손에 물 한 방울 묻히지 않게 해주겠다던 남편은 결혼하자 태도가 완전히 변해버렸다. 남편에게 가사 분담을 하자고 제안했지만 매번 나 몰라라 하면서 무심한 남편의 태도에 C씨는 화가 나서 견딜 수가 없었다.

E씨는 어느 날 직장 동료인 Y씨와 함께한 술자리에서 충격적인

사실을 알았다. 한날한시에 똑같이 면접을 보고 함께 입사한 동기인 Y씨의 연봉이 자신보다 무려 한 달치 월급이나 더 많았던 것이다. E씨는 같은 회사에서 똑같이 일하는데 왜 자신의 연봉이 더 낮은 건지 도무지 이해할 수가 없었다. 그런데 문득 생각해보니 Y씨의 영어 실력이 뛰어나 올해만 해도 해외출장을 몇 번이나 갔다 온 사실이 떠올랐다. E씨는 그 이후로 Y씨 얼굴을 볼 때마다 그의 높은 연봉 숫자가 머릿속에 자꾸 떠올라 화가 났다.

　앞의 사례는 모두 불공평한 상황 또는 자신의 영역이 침범당한 상황에 해당한다. 둘 다 겉으로 보기에는 '남편이 가사를 분담하지 않아서' '입사 동기의 연봉이 나보다 더 높아서' 분노를 느끼지만 그 내면에 감추어진 실질적인 감정은 따로 있다. 우리가 분노를 느끼는 근본 원인은 상처와 좌절, 두려움 때문이다.

　집안일을 함께 하지 않는 남편에게 화가 난 C씨는 결혼 후에 달라진 남편의 모습에 크게 실망해 좌절감을 느꼈고, 회피하는 남편을 보며 상처를 받았다. 그리고 어쩌면 남편이 더 이상 자신을 사랑하지 않을지도 모른다는 두려움까지 겹쳐 남편을 볼 때마다 화가 난 것이다.

　E씨의 경우 내면에 숨어 있는 일차적 감정은 상처와 좌절이다. 그는 Y씨와 입사 동기이므로 연봉도 같은 줄 알았는데 자신의 생각과 달리 연봉이 Y씨보다 더 적다는 사실에 상처를 받았다. 그리고 영어 실력의 차이로 아무리 똑같은 시간 동안 똑같이 일해도 Y씨와 똑같은 연봉을 받지 못한다는 현실에 좌절감을 느꼈다.

이와 같이 화는 상처, 좌절, 두려움 같은 근본적인 내면의 감정을 감추기 위해 이차적으로 일어나는 감정이다. 즉, 우리의 자존감이 주변의 위험 요소로 위태로울 때 자아상(self-image)에 상처가 나지 않도록 보호하려는 것이다.

인간은 나약한 존재이기 때문에 상처, 좌절, 두려움 같은 연약한 감정들을 감당하기 어려워 한다. 따라서 이런 감정을 고스란히 느꼈을 때 받게 될 상처를 줄이기 위해 근본 감정 대신 방어기제를 작용해 화를 냄으로써 자존감을 보호하는 것이다.

요즘 우스갯소리로 나보다 잘난 사람에게 질투와 시기를 느껴 괜한 트집을 잡거나 화를 내는 것을 가리켜 '열등감 폭발' 또는 줄여서 '열폭'이라고 하는데, 사실 이것은 굉장히 적절한 표현이라고 할 수 있다. 자아상이 단단하고 자존감이 높은 사람은 자신보다 더 뛰어난 사람을 봤을 때 그 사람의 장점을 인정하고 그가 부단한 노력의 결과로 이룬 업적을 있는 그대로 칭찬할줄 안다. 왜냐하면 자신의 자존감에 상처를 받지 않기 때문이다.

그러나 자아가 약하고 자존감이 낮은 사람은 상대방의 업적을 곧 자신의 상처로 받아들인다. 자신이 상대방보다 뛰어나지 못하다는 좌절감, 혼자만 이렇게 뒤떨어지는 삶을 살아갈지 모른다는 두려움처럼 일차적으로 느끼는 감정을 고스란히 받아들이는 것이다. 그리고 이렇게 받아들인 감정을 상대방에 대한 분노로 표출한다.

주변에 별다른 이유 없이 유난히 화를 자주 심하게 내는 사람이 있다면 그 사람은 아마도 그동안 세상을 살아오면서 상처를 많이 받아 자아가 약해질 대로 약해진 사람일 가능성이 크다. 크게 화를 낼 일이 아님에도 조그만 자극조차도 자신에게 상처를 주려는 공격으로 받아들여 항상 방어기제가 먼저 작용하는 '분노 중독자'가 된 것이다. 화가 많은 사람은 겉으로 보기에는 굉장히 강하고 고집스러워 보이지만, 사실 그 내면은 매우 약하고 불안하며 상처투성이다.

심리학자인 레스 카터 박사는 분노라는 감정은 결국 '나를 존중해달라는 호소'라고 주장한다. "내가 하는 말에도 귀 기울여줘" "나도 중요한 사람이라는 걸 알아줘" "나를 막 대하지 말아줘"와 같은 울분의 호소와 마찬가지라는 것이다.

사람은 누구나 분노를 느끼므로 때때로 화가 나는 것은 지극히 정상적이다. 다만 화를 내는 것이 적절하고 당연한 상황이라면 말이다. 남편이 집안일을 하지 않을 때, 입사 동기가 나보다 연봉이 높다는 사실을 알았을 때와 같은 경우는 누구라도 화가 날 법한 상황이기 때문에 화를 내는 것이 조금도 이상하지 않다.

그런데 같은 상황이라도 어떤 사람은 아무렇지도 않거나 조금 언짢아하는 반면, 어떤 사람은 버럭 하며 아주 심하게 화를 내는 경우가 있다. 또한 화가 나더라도 감정 조절을 잘하며 적절히 대처하는 사람이 있는가 하면, 폭력적 언행을 일삼는 사람도 있다.

이렇게 같은 상황이라도 사람에 따라 반응이 다른 이유는 바로 우리 마음속에 내재되어 있는 '억압 능력' 때문이다. 우리는 화가 나는 모든 상황에서 매번 불같이 화를 내지는 않는다.

만약 분노를 표출하는 정도를 강도에 따라 0에서 10까지의 수치로 측정할 때 '전혀 화를 내지 않는 정도'를 0, '치밀어 오르는 화를 참지 못해 살인이라도 저지를 정도'를 10이라고 가정해보자. 어떤 때는 목소리 톤이 올라가고 소리를 지르는 4~5 정도에서 화를 내는가 하면, 또 어떤 때는 물건을 집어던질 정도의 7~8이나 서로 치고받고 몸싸움을 벌일 정도의 8~9에서 화를 내는 등 때와 장소에 따라 그 정도가 다르다.

예를 들어 대부분의 사람은 집에서 가족과 있을 때, 특히 엄마 앞에서는 화를 참지 않고 터뜨리는 경우가 많다. 그러나 직장 상사나 시부모 앞에서는 아무리 화가 나는 상황이라도 속으로 꾹 참고 겉으로는 태연하게 행동한다. 그것은 사람은 누구나 행동을 자제하는 자기 조절 능력이 있기 때문이다.

심리학자인 윌리엄 데이비스 박사는 이런 억압 능력을 자동차 브레이크에 비유해 설명했다. 브레이크는 달리던 자동차가 위험할 때 멈출 수 있도록 제어해줄 뿐 아니라 적절한 속도로 안전 운행을 하도록 도와준다. 이와 마찬가지로 억압 능력 역시 우리가 화가 날 때 극단적인 말이나 행동을 하지 않도록 제어해주면서 평소에 적절한 말과 행동을 하게 해준다.

그는 억압 능력을 '내부 억압(internal inhibition)'과 '외부 억압(external inhibition)'으로 구분했다. 내부 억압은 우리 마음속에 교육되어 내재된 억압기제를 말한다. 예를 들어 '어르신들 앞에서는 아무리 화가 나도 화내는 모습을 보여선 안 돼' '화가 난다고 다른 사람을 때리는 건 옳지 않아' '지금 화를 내봤자 나한테 이로울 건 하나도 없어'와 같은 마음속 생각이 화를 참는 행동으로 나타나는 것이다.

외부 억압은 외부의 억압기제가 작용하는 것을 말한다. 즉, 화를 참지 못했을 때 생기게 되는 결과에 대한 두려움 때문에 화를 참는 것이다. 우리가 아무리 화가 나도 직장 상사 앞에서 화를 참는 것은 적절치 못한 말이나 행동을 하게 되면 직장을 그만둬야 하는 결과로까지 이어질 수 있기 때문이다. 예를 들어 '지금 화를 내버리면 직장에서 해고당할 거야' '화가 난다고 휴대전화를 던지면 박살이 나버릴 거야' '화가 난다고 주먹다짐을 하면 폭행죄로 경찰서에 끌려갈 거야' 등과 같이 자신의 행동 때문에 맞닥뜨리게 될 부정적 결과를 피하려고 화를 참는다.

'화가 나는 것'과 '화를 내는 것'의 차이

여기서 중요한 것은 '화가 나는 것'과 '화를 내는 것'을 구분하는 것이다. '화가 나는 것'은 자신이 느끼는 감정이므로 자발적 의지로 조절할 수 없는 생리 현상과 같다. 그 반면 '화를 내는 것'은 화가 났을 때 말과 행동을 통해 자신의 감정을 분출하고 표현하는 것이므로 얼마든지 자신의 의지로 조절할 수 있다. 사람은 누구나 때때로 분노를 느끼는 것이 정상이지만, 화가 날 때마다 적절하지 않은 말과 행동을 한다면 인간관계와 사회생활에서 문제가 생길 수밖에 없다.

화는 우리 생각과 행동, 신체에 영향을 끼치는데, 우선 화가 나면 정신이 온통 화가 난 근본 원인에만 집중되기 때문에 아무 일도 손에 잡히지 않는다. 그리고 화를 느낀 순간을 계속해서 머릿속으로 반복 재생하게 되는데, 이런 경우 장시간 동안 분노의 감정을 떨치지 못해 화가 난 상태가 오래 유지되기 쉽다.

화는 행동에도 영향을 주어 화가 나면 그 순간 평소에 하지 않던 말이나 행동을 홧김에 하게 되어 나중에 후회하는 경우가 많다. 목소리 톤이 올라가고 소리가 커지고 공격적인 언어를 쓰고 판단력을 상실해 심할 경우 폭력적인 행동으로도 나타난다. 어떤 사람들은 화가 났을 때 공격적인 말과 행동으로 강하게 나가야 상대방이 자신을 우습게 생각하지 않고 두려워할 것이라고 믿는다.

그러나 아이러니하게도 공격성은 강함이 아닌 약함을 의미한다. 그 내면에는 이성적으로 침착하게 말하고 행동할 경우 상대방이 자신의 말을 듣지 않을지도 모른다는 두려움이 숨어 있기 때문이다. 고성을 지르고 욕설을 퍼부으며 폭력을 휘두르는 사람은 '나는 지금 이성을 잃었으며 이렇게 소리 지르고 공격적으로 행동하는 것 말고는 어떻게 이 상황에 대처해야 하는지 모르겠다'고 고백하는 것이나 다름없다.

화가 나면 우리 몸에도 여러 가지 변화가 생긴다. 가장 최근에 화가 났을 때를 한번 떠올려보자. 그때 당신은 어떤 신체적 변화를 느꼈는가. 보통 화가 나면 심장박동 수가 급격히 올라가며 가슴이 마구 뛰기 시작하고 얼굴에 열이 올라 화끈거리며 호흡이 가빠진다.

이런 신체 변화는 위험이 감지될 때 일차적으로 나타나는 반응인데, 이때 우리 몸은 심장이 뛰는 속도가 평소보다 더 빨라지면서 혈압이 올라간다. 또한 우리 두뇌에서 위험을 알리는 메시지를 내분비샘으로 보내면 우리 몸에서는 분노의 호르몬인 아드레날린과 노르에피네프린이 분비된다. 이와 같이 분노는 우리 몸에도 영향을 주기 때문에 적절히 대처하지 않으면 건강을 해칠 수도 있다.

이 세상 누구도 분노를 느끼지 않고 살 수는 없으며 적절한 분노는 우리 자아를 보호하는 데도 꼭 필요하다. 화는 자칫 위험하고 불편한 감정이지만, 조심히 잘 다루면 우리 삶에서 좋은 원동력이 될 수 있다. 화에게 조정당하는 소극적 삶이 아닌 내가 화를 조절하는 능동적 삶을 산다면 정신적, 육체적으로 지금보다 더욱 건강한 삶을 살게 될 것이다.

"화가 날 때는 네 마음을 들여다보며
곰곰이 생각해봐.
무엇에 그렇게 상처를 받았고
그 부분이 왜 그리 아픈지,
무엇에 좌절하고
무엇에 두려운 마음이 드는 건지."

분노를 표현하는 세 가지 유형의 사람들

미국에서는 화를 참지 못해 가족 또는 지나가는 행인에게 시비를 걸어 싸우거나 이를 말리기 위해 경찰이 출동했을 때, 기물을 파손하거나 소란을 피우는 등의 경범죄를 저질렀을 때 법원 명령으로 일정 기간 분노 조절(anger management) 치료를 받아야 한다. 심지어 직장에서도 분노 조절에 문제가 있는 직원에게는 근로자 지원 프로그램을 통해 분노 조절 치료를 받을 것을 의무화하기도 한다.

처음에는 본인의 의지와 상관없이 강제로 치료를 받기 시작한 사람도 프로그램이 끝날 즈음에는 자발적으로 장기적인 상담을 선택해 나아지는 경우가 많다.

분노 조절 치료 프로그램을 성공적으로 이수한다고 해서 화를 자주 내던 사람이 화를 덜 내는 성격으로 바뀌는 것은 아니다. 그 대신 화가 나더라도 새로운 방법으로 감정을 조절해 예전과 다른 방법으로 표현할 수 있다. 분노 조절을 어려워하는 사람들은 대개 자신의 행동이 어떤 결과를 가져올지 미리 생각하지 않고 반사적으로 행동부터 하는 경향이 있다. 따라서 이런 프로그램은 먼저 충분히 생각한 다음 화가 나는 상황에 적절히 대처해 감정을 조절하도록 하는 기술을 익히게 한다.

화를 내는 아이의 모습을 떠올려보자. 잔뜩 일그러진 표정으로 소리를 지르고 거친 말을 하거나 상대방을 때리고 발길질을 하며 물건을 던지기도 한다. 아직 정신적으로 미성숙하고 세상 경험이 없는 아이들은 자신의 감정을 어떻게 다뤄야 할지 모르기 때문에 아무 생각 없이 반사적으로 화를 낸다. 그런데 우리 주변에는 이와 같은 유아기적 표현 방식을 어른이 된 후에도 그대로 유지해 분노를 표출하는 사람들이 적지 않다. 소리를 지르고 욕설을 하거나 심지어는 물건을 던지고 몸싸움을 하는 등 폭력적 행동을 서슴지 않는 모습은 아이가 화내는 모습과 별반 다르지 않다.

이들은 성장하는 동안 가정이나 학교는 물론 그 어디에서도 제대로 화를 표출하는 방법을 배운 적이 없다. 그래서 결국 유아기적 표현 방식에만 익숙해 화를 내는 것은 곧 소리 지르는 것, 막말하는 것, 공격적인 행동을 하는 것으로 잘못 습득해버린 것이다.

분노라고 하면 사람들은 흔히 화를 크게 내거나 공격적인 행동을 하는 모습을 떠올린다. 그리고 단지 그런 행동을 하지 않는다는 이유만으로 "나는 화를 잘 안 내요"라고 말하기도 한다. 그런데 분노는 항상 일차원적인 방법으로만 표출되는 것은 아니다. 짜증을 내거나 투덜거리는 사람, 토라지거나 삐치는 사람, 비꼬거나 비판적인 말을 하는 사람, 방어적인 태도를 보이거나 아예 회피하고 말을 하지 않는 사람 등 분노는 사람에 따라 다양한 모습으로 표현된다.

사람마다 다른 생각을 갖고 있고 분노를 표현하는 방식이 다르기 때문에 같은 상황이라도 사람에 따라 보이는 반응이 다르다. 분노는 누구나 느끼는 자연스러운 감정이므로 우리가 분노를 느끼지 않고 살 수는 없다. 다만 화를 좀 더 건강하게 '잘' 내는 것이 중요하다. 그러려면 먼저 자신이 어떤 방식으로 분노를 표현하는지 알아야 한다.

나는 어떻게 분노를 표현하는가

다음의 사례를 살펴보자. 이 두 가지 상황에서 당신이라면 어떻게 하겠는가?

사례 1. 직장에서 프로젝트를 함께 진행했던 동료들이 뒤에서 나에 대한 험담을 하고 다닌다는 것을 알았다.

　—1번 유형 : 속으로는 불쾌하고 언짢지만 겉으로는 아무 표현도 하
　　지 못하고 꾹 참는다.

　—2번 유형 : 그 사실을 알게 된 순간 곧바로 동료들을 찾아가 다짜고
　　짜 따진다.

—3번 유형 : 앞에서 직접 대놓고 따지지는 못하지만 다른 일로 괜히
    핀잔을 주거나 주차장에서 아무도 안 볼 때 동료들의 차를 발로 한
    번씩 걷어차 분풀이를 한다.

사례 2. 주말 저녁 쇼핑객들로 붐비는 마트에서 물건 값을 계산하려고
줄을 서 있었다. 그때 어떤 사람이 슬그머니 내 바로 앞 사람 사이로
끼어들며 아무렇지도 않은 듯 새치기를 했다. 내 앞 사람은 전화 통화
를 하느라 그 사실을 눈치채지 못했다.
—1번 유형 : 불쾌하고 황당하지만 따지기 싫어 그냥 둔다.
—2번 유형 : "아니, 당신 왜 새치기야? 어딜 은근슬쩍 끼어들어?" 라
    고 큰 소리로 화를 내며 삿대질을 한다.
—3번 유형 : 그 순간은 참았다가 나중에 그 사람 옆을 지나가면서 노
    려보거나 신경질적으로 카트를 툭 치고 간다.

사람들은 대개 세 가지 방식으로 분노를 표출하는데, 바로 수동
적 유형과 공격적 유형 그리고 수동 공격적인 유형이다. 먼저 앞의
두 사례에서 1번 유형에 해당하는 수동적인(passive) 사람은 겉으
로 화를 표현하지 않고 그냥 참고 지나간다. 그중에는 제대로 감정
을 표현해본 적이 없어 자신이 화가 났다는 것도 미처 깨닫지 못한
채 지나치는 경우도 있다. 겉으로 감정을 표현해봤자 도움이 되지
않는다는 생각에, 혹은 감정을 드러낸 뒤 마주하게 될 골치 아픈 결
과나 고통을 마주하고 싶지 않아 그 순간이 지나가기만을 묵묵히

기다리기도 한다. 이런 유형은 다른 사람에게 좋은 모습만 보여야 한다는 강박을 갖고 있다. 자신의 감정이 어떤지는 별로 중요하지 않고 다른 사람을 기분 좋게 해주려고 노력한다. 때로는 자신의 감정을 표현하는 것보다 다른 사람에게 피해를 주지 않는 것을 더 중요하게 여겨 자신이 손해를 보더라도 타인에게 자신을 맞춰 되도록 그들의 감정을 다치지 않게 하려고 한다.

이들은 대개 작고 조용한 목소리로 이야기하며 상대방의 눈을 똑바로 쳐다보지 못하고 움츠리거나 주눅 들어 있다. '그냥 내가 참고 말지'라는 생각으로 속마음을 숨기고 표현하지 않기 때문에 당장 그 순간에는 괜찮은 듯 보인다. 그러나 화가 나는 일이 있을 때도 속으로 참기만 하고 겉으로는 내색하지 않기 때문에 시간이 지날수록 마음속에는 화와 울분이 쌓이게 된다. 또한 매번 감정 표현을 하지 않는 일이 반복되면 계속 참기만 하는 자신에게 스스로 화가 나고, 마음속에 쌓아둔 감정을 술이나 약물의 힘을 빌려 한순간에 폭발시키기도 한다. 감정을 폭발시킨 뒤에도 '내가 그때 왜 그랬지? 그냥 계속 참을 걸' 하는 생각에 수치심과 죄책감을 느껴 다시 소극적인 태도를 반복한다. 그러나 억압한 감정은 사라지는 것이 아니라 그대로 남기 때문에 결국 고혈압이나 우울증, 화병 등으로 발전할 수 있다.

2번 유형인 공격적인(aggressive) 사람은 화가 날 때마다 소리를 버럭 지르거나 욕설을 하고 물건을 던지거나 폭력을 휘두르는 등 공격적인 말과 행동을 보인다. '누구든 나를 건드리면 가만있지 않겠다'는 생각으로 자신이 손해 보는 것을 절대 용납하지 않으며, 자신의 감정을 표현하기 위해서는 때로 타인에게 정신적, 신체적 상처를 주는 것도 서슴지 않는다. 이들은 오직 자신의 감정만 중요하게 여기기 때문에 자신의 말과 행동으로 다른 사람이 어떤 감정을 느끼는지에 대해서는 전혀 관심이 없다.

따라서 '지금 내가 화가 나는 이유는 다 너 때문이니 무조건 내가 옳고 넌 틀렸다는 걸 반드시 알려주고야 말겠어'라는 식으로 상대방의 말은 전혀 들으려 하지 않은 채 자신의 생각만 무조건 강요한다. 앞서 언급한 유아기적 표현 방식으로 화를 내는 경우가 이에 해당한다.

3번 유형에 해당하는 수동 공격적(passive-aggressive)인 사람은 직접적으로 드러내놓고 화를 표현하지는 못하지만 간접적으로 상대방 모르게 상처를 주며 뒤로 공격한다. 화가 나는 순간 당장 직접적인 공격을 하지 않기 때문에 언뜻 보면 수동적 유형으로 보일 수 있지만 뒤에 반드시 소심한 공격을 한다는 차이가 있다. 이런 유형의 사람은 화가 날 때 상대방을 멸시하고 냉소적으로 바라보며 시니컬한 태도를 보인다. 이들은 상대방과 동등한 처지에서 직접 대면해 자신의 감정을 표현하지 못하고 상대방을 무시하고 깔보면서 상대적 우월감을 느끼려 한다.

이들은 대개 빈정거리기, 비웃기, 비꼬기, 토라지기, 무시하기 등으로 자신의 뒤틀린 감정을 표현한다. 또한 화가 나면 상대방과의 대화나 연락을 거부하고 아예 말을 하지 않거나 일부러 만남을 회피하는 등 간접적인 방법으로 상대방을 공격한다. 앞에서는 상대방의 말을 따르는 것처럼 행동하다가도 결국은 해야 할 일을 하지 않고 미루거나 피하기 때문에 주변에서 책임감이 없고 믿지 못할 사람이라는 평을 받는 경우도 많다. 이들은 앞에서는 자신의 감정을 드러내지 않지만 뒤에서는 어떻게든 숨겨진 방법으로 공격함으로써 아무도 자신에게 영향력을 행사할 수 없다고 믿는다.

이 세 가지 유형은 모두 건강하지 않은 방법으로 분노를 표출한다는 공통점이 있다. 대개 남자들은 공격적 유형으로, 여자들은 수동 공격적 유형으로 분노를 표출하는 경우가 많다.

아이러니하게도 주변에 무분별하게 분노를 표출하는 사람이 그렇게 많은데도 아직까지 우리 사회는 화가 나더라도 참는 것을 미덕으로 여기는 분위기 때문에 화는 무조건 참아야 한다고 생각하는 사람들이 많다. 하지만 화가 날 때 속마음을 표현하지 않고 무조건 꾹 참는 것 또한 정신적, 신체적 건강을 해칠 수 있어 좋지 않다.

그렇다면 어떻게 하는 것이 '분노를 건강하게 잘 표출하는 방법'일까?

"분노는 갑자기 불쑥 찾아올 거야.
분노의 강도가 더 세어지기 전에
미리 준비를 해봐.
운동하기, 음악 듣기, 영화 보기, 1부터 10까지
천천히 숫자 세기, 찬물로 세수하기,
심호흡 하기 등 너만의 방법으로
분노를 제어하도록 노력해봐."

"나는 감정적인 사람입니다"

건강하게 화내는 법

CHAPTER 23

"건강한 방법으로 분노를 표출해야 한다"라고 말하면 어떤 사람들은 과연 분노라는 감정을 건강하게 표출하는 게 가능하냐고 묻는다. 분노는 인간이라면 누구나 느끼는, 자연스럽고도 정상적인 여러 감정 가운데 하나일 뿐 나쁘거나 부정적인 감정이 아니다. 다만 분노 자체는 나쁜 것이 아니지만, 그 감정을 느낄 때 우리가 어떻게 표현하고 대처하느냐에 따라 부정적인 결과를 가져올 수 있다.

앞의 세 가지 유형처럼 건강하지 않은, 적절치 못한 방법으로 분노를 표현하면 건강에 좋지 않은 영향을 끼칠 뿐 아니라 주변 사람들과의 관계를 악화시켜 인간관계와 사회생활에서 어려움을 겪을 수 있다.

분노에 잘 대처하기 위해서는 '단호한(assertive)' 사람이 되어야 한다. 단호한 사람은 무조건 화를 참는 수동적인 사람이나 무조건 화부터 내는 공격적인 사람과는 달리 화를 참지도, 공격적으로 내지도 않지만 화가 난 자신의 감정을 담담히, 그러나 단호하게 표현한다. 또한 자신이 손해를 감수하는 수동적인 사람이나 다른 사람을 윽박질러 손해를 보게 하는 공격적인 사람과는 달리 자신이 손해를 감수하지도, 타인에게 손해를 입히지도 않는다.

이들은 자신의 감정이 중요하지 않다고 생각해 자신을 낮추는 수동적인 사람이나 자신의 감정만 중요해 자신이 상대방보다 우월해야 한다고 생각하는 공격적인 사람과도 다르다. 상대방과 자신의 감정이 동등하다고 생각하며, 친절함을 유지하면서도 다른 사람을 존중하고 자신의 감정과 시간을 중요하게 여겨 스스로 존중받으려 한다.

단호한 사람은 타인의 말에 귀를 기울이지만 그렇다고 타인에게 자신을 맞춰 그들의 의견을 무조건 다 수용하지는 않는다.

또한 의사 표현을 하는 데 주저함이 없지만 그렇다고 공격적으로 남을 쏘아붙이거나 기분 나쁘게 하지 않으며, 타인에게 자신의 생각이 옳으니 무조건 따라야 한다고 억지로 강요하지도 않는다. 즉, 단호한 사람이 되는 데 필요한 것은 '직접적인 의사 표현'과 '자제할 수 있는 능력'이다.

그러면 단호한 사람이 되기 위해서는 어떻게 해야 할까. 앞에서 자신의 분노 표출 유형을 알아냈다면 이제 기존의 화내는 방식을 바꾸는 연습을 해야 한다. 여기서는 유형별로 '생각 바꾸기 연습'

과 '태도 바꾸기 연습'으로 나눠 설명하겠다.

먼저 생각 바꾸기 연습은 평소에 의도적으로 반복함으로써 오랜 세월 고착된 생각과 믿음에 변화를 주는 것이다. 컴퓨터 바탕화면처럼 눈에 잘 띄는 곳에 올바른 생각법을 적어놓고 기회가 있을 때마다 반복해 읽거나 자신만의 짧은 문장을 만들어 이메일 비밀번호 등으로 사용하면 더욱 효과적이다.

태도 바꾸기 연습은 화가 나는 그 순간 자신의 분노 표출 유형을 자각해 올바른 표현 방식으로 태도를 바꾸는 연습이다. 이제부터 화가 나는 매 순간을 좋은 연습 기회로 삼아 조금씩 자신을 변화시키는 노력을 해보자. 처음부터 큰 변화를 기대하지 말고 꾸준히 연습을 하다 보면 분명 자제력을 키울 수 있다.

수동적 유형을 위한 생각 바꾸기 연습

·· 만약 이제까지 수동적인 사람으로 살아왔다면 '내 생각과 감정은 별로 중요하지 않으니 내가 좀 손해를 보더라도 상대방에게 나를 맞추자'는 생각을 했을 것이다.

그렇다면 앞으로는 '내 생각과 감정도 중요하다. 무조건 내가 손해를 본다고 해서 꼭 좋은 사람이 되는 것은 아니며 모든 사람들에게 반드시 좋은 사람으로 보일 필요는 없다. 이렇게 참기만 하면 내 건강을 해치게 된다'라고 생각 바꾸기 연습을 해보자.

모든 상황에서 항상 타인에게 나를 맞추게 되면 사람들은 나의 그런 모습을 고마워하기보다는 오히려 당연한 것으로 받아들이게 된다. 또한 아무도 내 생각과 의견을 물어보려 하지 않기 때문에 나는 어디에서도 존중받지 못하게 되고 다른 사람들에게 이용당하기 쉽다.

누구에게나 '좋은 사람이 되어야 한다'는 생각을 버리자. 내 건강을 해치면서까지 좋은 사람이 될 필요는 없다.

수동적 유형을 위한 태도 바꾸기 연습

.... 이제껏 평생을 내 생각과 감정을 감추고 다른 사람들에게 맞춰 수동적으로 살아온 사람이 갑자기 자기 목소리를 높이는 것은 매우 어려운 일이다. 욕심을 버리고 아주 작은 것부터 시도해보자. 먼저 다른 사람의 감정만 살피려 하지 말고 내가 원하는 것이 무엇인지 곰곰이 생각해보자.

싫었지만 내 감정을 숨기고 억지로 했던 것이 무엇이었는지, 하고 싶었지만 다른 사람들을 배려하느라 하지 못했던 것은 무엇이었는지 생각해본다.

이제까지는 다른 사람들의 말을 많이 듣고 그들의 의견에 따랐다면 지금부터는 조금씩 자기표현을 하며 내 목소리를 내보자. 예를 들어 친구들이나 동료들과 외식할 장소를 고를 때 "난 아무 데나 상관없어"라고 말하지 말고 가고 싶은 식당이나 먹고 싶은 음식을 말해본다.

속으로는 싫은데 겉으로는 좋은 척 행동하는 것은 금물이다.

싫은 것은 하고 싶지 않다고 말해도 괜찮다. '내가 솔직히 말하면 상대방이 날 싫어하지 않을까' 하는 걱정은 버리자. 세상 모든 사람과 내가 항상 의견이 같을 수는 없다. 때론 서로 의견이 다른 것은 지극히 정상적인 일이다.

예전에는 상대방에게 나를 맞추기 위해 내 잘못이 아닌데도 무조건 사과하는 수동적인 태도를 보였을지 모른다. 그러나 내 잘못이 아닌 일에는 사과할 필요가 없다. 상대방의 부탁을 거절할 때도 "미안하지만 안 되겠어"라며 사과하지 말고 덤덤하게 "이 부탁은 들어주기가 곤란해"라고 말해보자.

공격적 유형을 위한 생각 바꾸기 연습

만일 지금까지 공격적인 사람으로 살아왔다면 '내가 화를 낼 때는 그만큼 화를 낼 만한 정당한 이유가 있으며 내 생각이 무조건 옳다, 내가 이런 말과 행동을 하는 것은 그 원인을 제공한 네 탓이니 무조건 다 네가 잘못한 것이다'라는 생각을 했을 것이다.

그렇다면 지금부터는 '옳고 그름'을 따져야 한다는 믿음을 바꿔보자. 매사에 옳고 그른 것을 따지려다 보면 불필요한 시간과 에너지를 낭비하고, 문제는 해결되지 않은 채 점점 분노의 강도만 세질 뿐이다.

내가 항상 옳다는 생각 또한 잘못된 것이다. '내 생각이 중요한 만큼 상대방의 생각도 중요하다'는 생각 바꾸기 연습을 해보자. 그리고 '아이처럼 화를 내는 건 나 스스로 미성숙함과 나약함을 드러내는 것이다'라는 생각도 반복해서 마음속에 각인시켜보자.

공격적 유형을 위한 태도 바꾸기 연습

공격적인 사람은 상대방이 내게 맞춰주길 강요하며 상대를 굴복시키려고 한다. 따라서 화가 나면 무조건 목소리를 높여 소리 지르고, 상대방의 눈을 매섭게 노려보며 위협적인 태도로 으름장을 놓을 때가 많았을 것이다. 그러나 큰 목소리로 호통을 치고 공격적으로 행동하는 것은 자제력을 잃은, 어른답지 못한 태도다.

이제부터 태도 바꾸기 연습을 위한 '자각 –호흡 –자리 피하기' 테크닉을 소개하겠다('자각-자리 피하기-호흡'의 순서로 실행해도 괜찮다).

화가 나기 시작할 때 우리 몸에는 어떤 신호가 느껴진다. 얼굴이 화끈거리면서 열이 올라오는 느낌이 들고 심장박동 수가 빨라지며 몸이 부르르 떨리기도 한다. 이런 신체 변화가 느껴지면 분노라는 감정이 점점 더 커지고 있다는 신호로 받아들여 이를 자각하고, 분노에 대처하기 위한 준비를 시작해야 한다.

'화가 나를 지배할 수는 없지만 나는 내 화를 다스릴 수 있다'와 같은 생각 바꾸기 연습에서 주입한 사고를 떠올려보자. 이런 자각과 준비로 분노가 더 이상 고조되지 않도록 우선 감정을 중지시키는 것이 중요하다.

그리고 난 뒤 정신을 집중해 복식호흡으로 숨을 깊이 들이마시고 천천히 조금씩 내뱉기를 반복한다. 복식호흡은 우리 두뇌에 산소 공급량을 늘려 안정감을 주고 화가 나는 상황에서 신경을 분산시키는 효과가 있다.

호흡을 반복해 감정을 누그러뜨린 뒤에는 그 자리를 피하자.

왜냐하면 화가 나는 상황에 계속 있게 되면 분노라는 감정에 압도되어 나중에 후회할 말이나 행동을 하게 될 가능성이 커지기 때문이다. 감정을 스스로 조절하기 위해서는 기분 전환을 위해 주변을 환기시키는 것이 중요하다. 산책하면서 바깥바람을 쐬거나 음악을 듣거나 계단을 오르락내리락하는 등 가벼운 운동으로 에너지를 발산하는 것이 좋다.

공격적 유형은 상대방을 비판하고 공격하는 데 익숙하기 때문에 갑자기 태도를 바꿔 상대를 대면하고 자신의 생각을 전달하는 것이 무척 어려울 수 있다.

따라서 성급히 변화를 꾀하기보다는 작은 단계부터 차근차근 해보는 것이 좋다. 우선 복식호흡으로 감정을 가라앉힌 뒤 하고 싶은 말을 종이에 적어보자. 글을 쓰는 동안 생각이 정리되면 감정에 치우치지 않고 냉정하게 표현할 수 있기 때문에 좀 더 명확하게 의사를 전달할 수 있다. 이때 되도록 간략하게 쓰는 것이 효과적이다. 글쓰기를 반복 연습해 자신의 감정을 자제하고 의사를 전달하는 데 집중하게 되면 다음 단계로 상대방과의 직접 대면을 시도해본다.

그동안 대화를 할 때 옳고 그른 것을 따지려 상대방의 잘못을 지적하며 "당신이 그러니까 내가 이렇게 한 거잖아"라는 식으로 말해왔다면 이제부터는 "나는 이러이러해서 무척 당황스럽다(걱정이 된다, 기분이 좋지 않다)"와 같이 표현해보자.

공격적이고 비판적인 느낌을 주는 '너 문장(You-statement)' 대신 '나 문장(I-statement)'을 사용해 상대방에 대한 지적을 피하되, 내 감정을 전달하는 데 중점을 두는 것이다. 이것은 가장 기본이면서도 매우 중요한 표현 방법이므로 처음에는 어색할지 몰라도 꾸준한 연습으로 익숙해지도록 노력하자. 이렇게 상대방과 대면하는 거리를 조금씩 좁히는 것이 공격적인 사람에서 단호한 사람으로 변화해가는 좋은 방법이 될 수 있다.

수동 공격적 유형을 위한 생각 바꾸기 연습

·· 만약 이제껏 수동 공격적인 사람으로 살아왔다면 '나니까 이 정도로 봐주는 거지, 너 같은 사람은 맛 좀 봐야 돼'라는 생각을 했을 것이다.

그렇다면 이제부터는 직접적으로 상대방과 대면하지 못하면서 뒤로 소심한 복수를 하는 스스로의 모습을 돌아보자. 속마음을 제대로 표현하지 않으면서 간접적으로 공격하는 것은 어쩌면 그럴 만한 용기가 없어서일 수 있다.

이때는 '내가 또 감정을 솔직히 표현하지 않은 채 회피만 하고 있구나'라는 자각이 필요하다. 그리고 '내 생각과 감정을 표현하지 않으면 상대방은 내 마음을 알 수가 없다' '감정을 표현하는 것은 나쁘거나 잘못된 것이 아니다' '상대방이 저절로 알아서 내 마음을 읽고 알아차리길 기대하지 말고, 불만이 있다면 성숙한 대화 기술로 상대방과 소통해보자'와 같이 생각 바꾸기 연습을 해야 한다.

수동 공격적 유형을 위한 태도 바꾸기 연습

수동 공격적인 사람은 상대방의 눈을 피하거나 흘겨보고 냉소적인 표정으로 상대방을 회피하는 태도를 보인다. 따라서 상대방의 눈을 피하지 말고 편안하게 쳐다보는 연습을 해보자. 성숙한 대화 기술은 먼저 상황을 피하지 않고 맞닥뜨리는 것에서 시작한다. 그리고 빈정대거나 비꼬는 말투 대신 차분하지만 절제된 목소리로 편안하고 여유 있는 태도를 보인다. 이때 100에서 1까지 거꾸로 세거나 숫자의 배수를 세는 등 어려운 방식으로 숫자를 세는 것은 안정적인 태도를 유지하는 데 도움이 된다. 빙빙 돌리지 말고 자신의 생각이나 하고 싶은 말을 최대한 간결하게 전달하는 연습을 해보자.

앞으로 화가 날 때는 자신에게 화를 다룰 수 있는 기술이 있음을 기억하자.

'나는 더 이상 화가 날 때 수동적으로 무조건 참지도, 공격적인 말과 행동으로 화를 내지도 않으며, 수동 공격적으로 앞에서는 아무렇지 않은 척하다가 뒤에서 공격하지도 않는다. 이제 나는 내 감정과 행동을 다룰 수 있는 방법을 알고 있다.'

화를 표현하는 데는 여러 방법이 있지만, 나 스스로 올바른 생각과 행동을 선택할 수 있다는 것을 깨달아야 한다. 이런 깨달음을 거쳐 나는 화를 더 '잘 다룰 수 있다는 것'을 스스로에게 반복해 다짐하자.

자신을 바꾸는 일은 분명 힘들고 긴 여정이지만 멈추지 않고 조금씩 나아간다면 결코 불가능하지 않다.

"화는 인간이라면 누구나 느끼는
여러 가지 감정 중 하나일 뿐,
나쁜 감정이 아니야. 화가 난다는 건
지극히 자연스러운 일이니까.
다만 화를 '잘' 내는 방법을 선택해서
건강하게 화를 낼 수 있어야 해."

이 느낌은 사실일까?

CHAPTER 24

우리는 때로 불길한 느낌이 들 때 실제로 나에게 안 좋은 일이 일어나는건 아닐까 불안해하곤 한다. 이를 가리켜 '감정적 추론(emotional reasoning)'이라고 한다. 어떤 상황을 판단할 때 사실에 근거를 두어 논리적으로 접근하는 게 아니라 감정에 근거를 두고 판단하는 것으로, '감정이 곧 사실(fact)'이라고 믿는다.

예를 들어 사람들과 대화를 하다가 잘 모르는 내용이 나오면 스스로 바보같이 느끼면서 '나는 교양이 없고 무식해'라는 결론을 내리는 식이다. 아이와 많은 시간을 함께하지 못하는 엄마가 죄책감이 들면 '나는 나쁜 엄마야'라고 자신을 정의하거나, 흉몽을 꾼 뒤 불길한 마음이 들면 실제로도 반드시 안 좋은 일이 일어날 거라고 믿는 경우가 이에 해당한다.

그러나 이렇게 우리가 느끼는 감정만으로 사실을 유추해내는 것은 매우 위험한 사고 패턴이다. 그 순간에는 좋지 않은 감정이 굉장히 강하게 느껴지기 때문에 얼마만큼의 타당성이 있는지 논리적으로 판단할 여유가 없다.

이런 사고 패턴은 단지 감정을 근거로 해 생각과 행동을 하기 때문에 반복될 경우 우울감과 불안감이 증폭되어 의욕을 잃게 된다. 결국 해야 할 일을 피하거나 미루는 등 부정적인 영향을 준다.

'왠지 기분이 안 좋으니 오늘은 아무것도 하지 않을래.' '불길한 예감이 드니 이번엔 여행을 가지 않는 게 낫겠어.' '난 앞날이 막막해. 아무리 노력해도 안 될 거야.' '이런 것도 모르다니 정말 창피해. 난 아무 쓸모 없는 인간이야'.

그러나 매사에 이렇게 감정적 추론을 반복한다면 우리 삶은 도태되거나 불안함으로 가득할 수밖에 없다.

내가 느끼는 감정이 곧 현실로 일어날까 봐 마음이 불안하다면 차분하게 다시 한 번 생각해보자. 이 느낌이 사실이라고 믿는 근거로는 무엇이 있는가? 그렇다면 반대로 사실이 아닌 근거는? 만약 감정적 추론으로 불안해 하는 친구가 있다면 나는 어떤 조언을 해줄 것인가?

이때는 '감정'과 '사실'을 따로 떼어놓고 구별해야 한다. 즉, 감정적으로 성급히 판단할 게 아니라 논리적이고 이성적으로 생각하는 것이다. '~할 것 같다'는 느낌은 배제하고 우선 사실만을 묘사해보는 것이 도움이 된다.

당장 내 눈앞에 보이는 실제만을 근거로 생각을 유추해보자.

내 느낌과 감정이 사실이 되도록 그대로 놔두면 안 된다. 불길한 예감에 여행을 가지 않는다면 잠시 지나가는 감정으로 끝날 수 있는 일을 실재하는 사실로 만들어버리는 셈이 된다.

또한 창피하다는 일시적인 감정으로 스스로를 '무식하다' 또는 '형편없다'고 자책만 한다면 배우려는 욕구가 생기지 않을 것이다. 다시 한 번 강조하지만 느낌은 단지 느낌일 뿐, 사실의 근거가 될 수는 없다.

"불안한 이 느낌을 잠시만 바라봐.
그리고 지나가게 놓아줘."

어쩔 수 없는 것들도 있다

CHAPTER 25

　현대인들이 가장 많이 하는 말 가운데 하나가 바로 스트레스가 아닐까 싶다. 우리는 조금만 힘들어도 "아, 스트레스 받아"라는 말을 입에 달고 산다.

　문득 '스트레스'란 말이 없었던 시절에는 어떤 말로 이 불편한 감정을 표현했을까 궁금해진다. 이 말의 뜻을 사전에서 찾아보니 '적응하기 어려운 환경에 처할 때 느끼는 심리적, 신체적 긴장 상태'라고 나와 있다. 스트레스의 사전적 의미를 잘 생각해보면 '어려운 환경'과 '긴장 상태', 이 두 가지 요소가 포함되어 있다. 자신이 처한 어려운 환경에 얼마나 긴장하느냐에 따라 스트레스가 될 수도, 그렇지 않을 수도 있다.

　스트레스는 자신이 맞닥뜨린 어려움을 스스로 감당해낼 수 없다고 생각될 때, 즉 자신이 처한 환경과 자신의 대처 능력 사이에 불균형이 생길 때 발생한다. 따라서 같은 상황이라도 어떤 사람에게는 전혀 스트레스가 아닌 일이 다른 사람에게는 큰 스트레스가 될 수 있다.

예를 들어 새로운 사람을 만나야 하는 똑같은 상황일지라도 내성적인 기질을 지녀 낯을 많이 가리는 사람은 스트레스를 받지만, 활달하고 외향적인 사람은 오히려 새로운 사람에 대한 설렘과 즐거움을 느낀다. 또한 집에 손님을 초대해 직접 만든 음식을 대접해야 하는 상황일 때도 요리하기를 싫어하거나 요리에 자신 없는 사람은 스트레스를 받지만, 요리하기를 좋아하는 사람은 오히려 그 과정을 즐길 것이다. 이처럼 스트레스는 사람마다 타고난 기질과 성격, 삶에 대한 태도나 관점에 따라 다르게 정의된다.

스트레스의 원인이 되는 환경이나 상황은 외부적 요소에 따라 형성될 수도 있지만 우리 스스로 내면에 만드는 경우도 적지 않다. 예를 들어 부모가 아이를 키우며 느끼는 육아 스트레스나 경제적 어려움, 인간관계에서 빚어지는 갈등 등은 외부적 요소로 발생하는 스트레스다.

그런데 아무런 외부적 요소가 없는 상황에서 내면적 갈등으로 스스로 스트레스를 느끼는 경우도 많다. 예를 들어 '내가 이런 행동을 하면 다른 사람들이 나를 어떻게 생각할까' 라고 주위의 시선을 지나치게 의식하거나, 자신의 실수에 지나치게 엄격하게 대하며 스스로 괴로워하기도 한다. 이는 왜곡된 사고 패턴으로 생기는 불필요한 스트레스로 자신의 의지에 따라 얼마든지 조절하거나 피할 수 있다.

한편 스트레스에는 좋은 스트레스와 나쁜 스트레스가 있다. 좋은 스트레스는 긍정적인 자극을 주어 우리에게 도움이 되는 스트레스를 말한다. 실제로 적당한 스트레스는 활력을 불어넣어주거나 목적을 달성하는 데 좋은 자극제가 되기도 하고 능률을 높여주거나 기억력을 활성화하는 등 우리에게 좋은 영향을 준다.

예를 들어 업무를 마쳐야 하는 마감일은 스트레스를 주기도 하지만, 마감일이 정해져 있지 않다면 아무런 자극이 되지 않아 일을 마쳐야겠다는 목적의식이 생기지 않고 업무 능률도 오르지 않을 것이다. 또한 매일 집을 깨끗이 청소하는 것은 스트레스가 될 수도 있지만, 만약 정돈되어 있지 않은 지저분한 환경에서도 스트레스를 받지 않는다면 깨끗이 치워야겠다는 생각이 들지 않아 청소를 하지 않은 채 비위생적인 환경에서 지낼 것이다.

따라서 이런 스트레스는 긍정적인 자극을 주어 우리 일상생활에 활력을 불어넣는다.

스트레스는 우리 몸의 경고 시스템을 가동하는 데도 중요한 역할을 한다. 주위 환경에서 위협적인 요소를 느끼면 우리 뇌는 스트레스를 감지하고 바로 여기에 반응한다. 그리고 그 위협 요소로부터 우리 몸을 보호하기 위해 코르티솔이나 에피네프린과 같은 스트레스 호르몬을 분비하는데, 이는 곧 혈압 상승이나 심장박동 수 증가와 같은 신체 변화로 나타난다. 이처럼 약간의 스트레스는 신체 변화를 통해 면역력을 증가시켜 심장 기능을 강화시키고 우리 몸을 감염으로부터 보호해준다.

불편한 감정에 대처하지 못하는 사람이 스트레스에 취약하다
·····································스트레스를 주는 요인에 지나치게 자주, 혹은 오랫동안 노출되면 스트레스 호르몬이 급격히 분비되고 그에 따른 신체 변화 또한 자주 오래 경험하게 된다. 왜냐하면 우리 몸은 스트레스가 심할수록 그에 대응하려고 자동적으로 더 많은 에너지를 쓰기 때문이다.

이와 같이 부정적인 자극을 주어 일상생활에서 우리 능력을 제대로 발휘할 수 없게 하는 스트레스는 나쁜 스트레스다. 집중력을 떨어뜨리고 면역 시스템을 약화시켜 감기 등 잦은 잔병치레를 하게 하거나 두통, 불면증, 고혈압, 만성피로, 우울증, 심장마비 등을 일으킬 수 있다. 지나친 스트레스는 여러 가지 질병의 근원이 된다는 연구 결과 또한 이미 많이 보고되고 있다.

사람들은 대개 모든 일이 스트레스 없이 편안하고 안정적으로 잘 이루어지길 기대한다. 하지만 이런 비현실적인 기대는 만일 어떤 일이 바라는 대로 되지 않을 때 지나친 스트레스를 가져온다. 특히 스트레스에 취약한 사람일수록 해야 할 일을 뒤로 미루거나 중간에 포기하며 새로운 일을 꺼리고 피하는 경향이 있다. 이는 스트레스를 받는 상황에서 느끼는 불편한 감정에 적절히 대처하지 못하기 때문이다.

어떤 일을 할 때 스트레스가 두려워 미루고 피하는 행동이 계속 반복되면 정신적, 육체적으로 건강하지 못한 라이프 스타일에 머무르게 된다. 어려운 일을 해나가는 것, 그리고 새로운 일에 도전하는 것은 언제나 스트레스를 동반하기 마련이므로 피하지 말고 맞닥뜨리는 과정을 겪어내야 지금보다 더 발전된 자신을 만날 수 있다.

스트레스는 누구나 매일같이 겪는 것이기에 우리가 하루하루 살아가는 삶의 방식이나 다름없다. 우리가 살고 있는 이 세상은 완벽하게 안전한 곳도, 평화로운 곳도 아니다. 따라서 스트레스가 없는 삶은 상상할 수도 없고 있을 수도 없다.

이처럼 스트레스를 받지 않고 살 수는 없지만 스트레스에 잘 대처할 수는 있다. 스트레스를 받을 때마다 많은 사람이 자신이 처한 환경이나 남 탓을 하며 얼굴을 찡그린다. 그러나 문제는 환경이나 타인 등 외부에 있는 게 아니라 바로 스트레스를 대하는 나의 자세와 생각에 있다.

어차피 우리 삶이 스트레스와 공존해야 한다면 먼저 그 사실을 겸허하게 받아들이고 인정하자. 다만 단순히 인정하는 것에 그치지 않고 자신에게 스트레스를 주는 요인에 어떻게 대처할 것인지를 강구해 문제를 해결하는 데 초점을 맞춰야 한다. 무조건 '스트레스를 받으면 안 돼'라고 뒤돌아 도망가는 게 아니라 스트레스를 적절히 다스리는 대처법을 터득해 자신의 인생을 스스로 컨트롤하는 것이다.

물론 이 세상에는 아무리 온 힘을 다해 노력하고 애써도 인간의 힘으로는 어쩔 수 없는 것들도 있다. 그럴 때는 스트레스도 우리 삶의 일부분임을 인정하고 받아들이는 법을 터득하는 것 또한 하나의 해결책임을 잊지 말자. 스트레스가 어차피 자신과 평생을 함께 살아가야 하는 동반자라면 조금만 더 잘 구슬리고 달래 내 편으로 만들면 어떨까?

"때로는 아무 생각도 하지 않고
머릿속을 비우는 것도 필요해.
하루에 한 번, 생각을 멈추고
천천히 심호흡을 해봐."

"나는 감정적인 사람입니다"

PART FIVE

의식적으로 생각을 멈추는 기술

두려움을 느낀다는 것은

사람들은 저마다의 '한계선(limitation)'을 갖고 있다. 누구에게나 자신감이 없고 두려운 마음에 어떻게 해서든지 피하고 싶은 행동이나 상황, 즉 나만의 한계선이 있기 마련이다.

가장 쉽게 볼 수 있는 예로는 외국어 울렁증이 있다. 만약 외국인을 볼 때마다 그 자리를 피해 도망가고 싶은 마음이 생긴다면 '외국어로 대화하는 행동'이 바로 그 사람의 한계선인 셈이다.

이외에도 식당에서 혼자 밥 먹기, 회사에서 상담전화 받기, 청중 앞에서 발표하기 등 사람들은 저마다 서로 다른 한계선을 갖고 있다. 똑같은 상황이라도 어떤 사람에게는 아무렇지도 않을 수도 있지만 또 어떤 사람에게는 바로 그 상황이 한계선이 되기도 한다.

.... 이렇게 스스로에게 한계가 되는 상황을 피해 매번 도망만 다닌다면 점점 자신감을 잃게 되어 대인관계나 사회생활에 큰 어려움을 가져올 수 있다.

한계선을 극복하기 위한 방법은 단 하나뿐이다. 즉, 두렵고 피하고 싶은 상황에 계속 나를 노출시켜 나에게 한계가 되는 행동을 반복 실행하는 것이다.

운전면허를 갓 딴 초보운전자일 때를 생각해보자. 처음 도로주행을 했을 때는 심장이 터질 듯 두근거리며 두려운 마음으로 핸들을 잡았을 것이다.

초보운전 시절, 차선을 바꾸거나 옆에 큰 트럭이 지나가거나 고속도로에 진입할 때 두려움으로 식은땀을 흘렸던 기억이 누구나 한 번쯤은 있다.

처음에는 무섭고 겁이 나서 '내가 과연 잘할 수 있을까?'라는 생각이 계속 든다. 하지만 그렇다고 포기하고 갑자기 차를 세울 수는 없기에 "괜찮아. 이 정도면 잘하고 있어" "정신 바짝 차리고 조심하면 될 거야. 조금만 더 가면 돼"라는 말을 머릿속으로 되뇌며 어떻게든 두려움을 이겨보려 애썼을 것이다.

그렇게 두려움을 피하지 않고 이겨내려 하는 행동이 오랜 시간에 걸쳐 여러 번 반복되다 보면 언제부터인가 운전을 하고 있다는 사실조차 잊어버릴 정도로 자신감이 붙어 편안한 마음으로 운전하게 되는 것이다.

이 이론을 바탕으로 실천할 수 있는 한계선 극복 단계는 다음과 같다.

▶**1단계_ 감정과 신체 반응** : 피하고 싶은 어떤 상황에 처하면 두려움이나 불안 등의 감정을 느끼게 되고 이때 우리 몸에서는 손이 떨리고 식은 땀이 흐르며 심장박동 수가 빨라지는 등 신체 반응이 일어난다.

▶**2단계_ 부정적 생각** : 이때 '겁나는데 그냥 도망가 버릴까?'라거나 '떨면 안 돼' '긴장하지 마' '실수하면 안 돼'처럼 감정이나 신체 반응을 거부하는 생각을 하면 오히려 1단계의 증상이 더욱 심해진다.

▶**3단계_ 차단** : 나만의 차단 방법을 개발하자. 예를 들어 양 손바닥을 부딪쳐 소리내기, 손바닥으로 얼굴 비비기, 하나부터 열까지 숫자 세기 등. 이런 행동은 부정적인 생각을 차단하고 신체 반응이 더 심해지는 것을 막아준다.

▶**4단계_ 재조정 1** : 신체 반응과 감정을 거부하던 생각을 바꿔 '그래, 이런 상황에서 긴장되는 건 당연해' '조금 떨어도 괜찮아' '처음부터 잘하는 사람은 없어' '완벽하지 않아도 돼. 그냥 최선을 다하자' 등과 같이 불안하고 두려운 감정을 있는 그대로 인정하고 받아들이는 생각을 한다.

▶5단계_ 재조정 2 : 긴장을 하면 가슴으로 호흡을 하는 흉식호흡을 하게 되는데, 이때 의식적으로 뱃속 깊숙이 숨을 들이마시는 복식호흡을 한다. 긴장된 상태에서 복식호흡을 하게 되면 몸이 떨리거나 심장이 빨라지는 등 부정적인 신체 변화를 완화해주는 효과가 있다.

▶6단계_ 한계선 극복 : 두려워서 피하고 싶은 자신의 한계선에 도전해 그 행동을 실행에 옮긴다. 4단계와 5단계의 재조정 상태를 유지하면서 실수를 하고 서툴더라도 피하고 싶은 행동을 어떻게든지 수행해 끝까지 완수하는 것이 중요하다.

▶7단계_ 자신감 강화 : 나만의 한계선을 넘어선 자신의 용기에 대해 '잘했어' '그 정도면 정말 훌륭해' 등 칭찬을 아끼지 말자. 자신에게 해주는 칭찬은 다음에 또 용기를 내어 한계선을 극복하려는 마음을 갖게 하는 원동력이 된다.

두려움을 느낀다는 것은 나에게 한계선을 극복할 수 있는 기회가 찾아왔다는 신호이기도 하다. 그렇다면 더 많은 연습 기회를 가질 수 있도록 이제부터는 내가 피하기만 했던 행동이나 상황을 적극적으로 찾아보자.

아무것도 하지 않고 계속 피하기만 한다면 앞으로 나는 발전 없는 정체된 삶을 살아야 할 것이다. 평생 초보운전 딱지를 달고 살 수는 없는 일 아닌가?

"떨어도 괜찮아.
두려워도 괜찮아.
잘 하지 않아도 돼.
그냥 해보는 거야."

생각하고 싶지 않은 일들이 자꾸 떠오를 때

CHAPTER 27

누구나 과거의 좋지 않았던 기억 때문에 스트레스를 받을 때가 있다. 과거의 어느 한 장면이나 사건, 에피소드가 떠오를 때도 있고 어떤 한 사람과 있었던 일이 연속해서 떠오를 때도 있다. 과거는 자신의 머릿속에서 어떤 기억으로 남느냐에 따라 자신의 현재와 미래에까지 영향을 끼칠 수 있다.

내성적인 성격을 가진 D씨는 직장에서 중요한 프레젠테이션을 맡게 되었다. 발표가 있던 날 그는 많은 사람들 앞에 서야 한다는 부담감 때문에 극도로 긴장한 탓에 갑자기 머릿속이 하얗게 되면서 준비했던 발표 내용을 잊어버리고 말았다.

그는 겨우겨우 힘겹게 발표를 마쳤지만 그날 여러 사람들 앞에서 당한 '망신' 때문에 며칠 동안 심하게 마음고생을 했다고 털어놓았다. '사람들이 내 모습을 보고 속으로 얼마나 웃었을까' '내가 얼마나 바보처럼 보였을까' 하는 생각에 스트레스를 받고 괴로웠다는 것이다.

그런데 그가 스트레스를 받으며 괴로워한 진짜 이유는 무엇일까? 생각해보면 그의 말대로 사람들이 발표를 망친 그의 모습을 보고 속으로 웃었기 때문도, 스스로가 생각하듯 그가 '바보'였기 때문도 아니다. 실제로는 아무도 그에게 공격적인 말을 하지 않았다. 하지만 그 스스로가 자신에게 '사람들이 널 보고 속으로 깔깔 웃었을걸' '넌 바보야'라는 말을 끊임없이 되풀이하고 있었던 것이다.

과거의 기억을 곱씹으며 괴로워하는 것은 결국 자신을 비방하는 말을 하루 24시간 동안 내뱉으며 스스로를 괴롭히는 것과 마찬가지다.

'그때 왜 그랬을까'─ 과거에 사로잡힌 나

.... 앞서의 사례처럼 과거의 어느 한 사건이나 장면이 머릿속을 맴돌며 괴롭게 떠오르는 경우도 있지만 어느 한 사람에 대한 기억 때문에 스트레스를 받는 경우도 있다. 어떤 특정한 사람에 대한 원망이나 미움, 증오가 깊어지면 그 사람 얼굴만 떠올라도 울화가 치밀거나 그 사람과 관련된 여러 장면이 연속적으로 떠올라 괴로운 것이다.

고부 갈등을 겪는 며느리, 직장 상사에게 시달리거나 동료들과 갈

등을 겪는 직장인, 도를 넘어선 부모의 간섭으로 스트레스를 받는 자녀 등 사람 때문에 생기는 스트레스는 다반사다. 심하면 화병이나 불면증, 우울증, 불안장애, 공황장애 등으로까지 이어질 수 있다.

E씨 역시 극심한 스트레스로 생긴 불면증을 호소했다. 그는 입사한 직후부터 직장 상사와 관계가 좋지 않았다고 했다. 그 직장 상사는 걸핏하면 E씨의 외모를 놀리거나 기분 나쁘게 어깨를 툭 치거나 일부러 힘든 일을 맡기기도 했다. 그러다 몇 달 전 그는 동료들이 모두 보는 앞에서 상사에게 언어폭력에 가까운 막말을 들었다. 당시에는 아무 말도 못 하고 고개를 푹 숙인 채 견뎠지만 결국 상사와의 관계가 점점 악화되어 직장을 그만두고 말았다.

문제는 이때부터였다. 그는 지금 새로운 직장에서 잘 적응하고 있지만 상사 앞에 설 때마다 예전의 그 기억이 떠올라 자신도 모르게 움츠러들었다. 그리고 예전 직장 상사와 있었던 여러 가지 일들이 머릿속에서 마치 필름이 돌아가듯 계속 재생되면서 멈추지를 않았다. 그는 그때 자신이 왜 그렇게 바보처럼 가만히 있었는지 모르겠다며, 그만두기 전 그 사람의 뺨이라도 한 대 속 시원하게 때릴 걸 그랬다며 후회했다.

한번 과거에 사로잡히면 머릿속에는 마치 다람쥐 쳇바퀴처럼 똑같은 장면이나 사람이 계속해서 떠오른다. 자신이 했던 행동이나 실수, 창피했던 일, 혹은 했어야 하는데 미처 하지 못한 행동, 잡았어야 하는데 놓쳐버린 기회 등 과거의 일을 다시 생각하는 것이다. 그러고는 '그때 내가 왜 그랬을까?' '~했어야 했는데' '~하지 말았어야 했는데'로 시작되는 머릿속 되새김질을 시작한다.

그러나 이미 과거에 일어나 버린, 돌이킬 수 없는 일을 자꾸 곱씹어 생각하는 이런 사고 패턴은 분노와 후회, 원망, 죄책감과 같은 감정을 일으키며 심한 스트레스를 가져온다. 생각을 하면 할수록 점점 더 그 생각에 사로잡히기 때문에 한 가지 생각에만 고착되어 정신적 마비 상태가 된다. 그 결과 오늘 해야 할 일을 자꾸 미루거나 만나야 할 사람을 피하는 등 문제를 해결하기보다는 상황을 회피함으로써 문제를 더욱 크게 키우기 쉽다.

괴로운 생각을 적극적으로 차단하는 법

챗바퀴 사고 패턴에 사로잡혀 있을 때는 당장 머릿속에서 뛰쳐나와 현실로 돌아와야 한다. 즉, 타임머신을 타듯 과거 기억에서 벗어나 현재 지금 이 순간으로 돌아오는 것이다. 이를 위해서는 두 가지 과정을 거쳐야 하는데, '생각 차단하기'와 '적극적으로 괴로운 생각 떨쳐내기'다.

만약 우리 머릿속에도 전기 스위치처럼 손가락 하나로 생각을 켰다 끌 수 있는 장치가 있다면 얼마나 좋을까. 하지만 스위치가 없어도 의식적으로 괴로운 생각을 차단할 수 있는 방법이 있다.

손목에 고무 밴드를 묶고 있다가 괴로운 기억이 떠오를 때마다 고무 밴드를 튕겨 생각에서 벗어나도록 스스로에게 자극을 주는 것이다. 아니면 정신이 번쩍 들게 손으로 자신의 두 뺨을 가볍게 치거나 큰 목소리로 "스톱!"을 외치거나 머릿속으로 빨간 스톱 사인을 떠올리거나 큰 소리가 나게 박수를 치는 것도 도움이 된다.

괴로운 기억이 침입하려는 순간 어떻게 이를 떨쳐버릴 수 있을지 자신만의 독특한 신호를 만들어보자. 이렇게 의식적으로 생각을 멈추는 것은 환기 효과를 주어 과거의 생각에서 벗어나도록 도와준다.

침입자처럼 머릿속으로 들어오려는 기억을 차단해 과거로 생각이 돌아가는 것을 멈췄다면 그다음에는 생각을 떨쳐내려고 적극적으로 노력해야 한다. 이때 도움이 되는 것이 '현재 인식하기' 테크닉이다. 자신의 정신을 현재에 잡아둘 수 있는, 집중할 만한 대체물을 찾는 것이다.

예를 들어 바로 눈앞에 있는 물건을 하나하나 유심히 바라보며 이름을 말해본다.

"여기 책이 있네. 컴퓨터도 있고, 시계가 12시를 가리키고 있고, 티슈 통에 나무 그림이 그려져 있고…."

괴로운 생각에 잠기다 보면 과거의 그 시간과 장소로 다시 돌아가 무한반복 기억을 재생하게 되므로 현실에서 자신이 무엇을 하고 있었고 어떤 환경에 있었는지조차 잊게 된다.

따라서 과거의 기억에서 빠져나오는 가장 좋은 방법은 현실에서 자신이 실재하고 있는 물리적 환경을 의도적으로 인식하는 것이다. 좋지 않은 기억이 떠오른다면 자리에서 일어나 요리나 방 청소를 하거나, 재미있는 영화를 보거나, 장소를 옮겨 산책하러 나가는 등 기분을 전환하는 행동을 해보자.

이와 반대로 과거 기억 속 장면에 적극적으로 개입하는 방법도 있다. 스트레스를 받아 괴로운 기억 속 사건이나 장면을 의도적으로 집중 반복해 노출시키는 것이다. 여기에는 '기억 변형' 테크닉이 필요한데, 두 가지 방법이 있다.

첫 번째는 생각하기 괴로운 과거의 기억 속 장면을 오감을 총동원해 생생하게 기억한 뒤 반복적으로 기록하는 것이다. 예를 들어 그때 자신이 어떤 색깔과 스타일의 옷을 입고 있었는지, 상대방은 어떤 헤어스타일을 하고 있었는지, 주위에는 어떤 물건이 있었는지, 냄새는 어땠는지를 생각나는 대로 자세히 기록한다. 처음에는 기억나는 것이 별로 없을 수도 있고, 지우고 싶은 일을 일부러 기억해내 기록하는 행위 자체가 견디기 힘들게 느껴질 수도 있다.

그래도 우선 일차적으로 생각나는 기억을 바탕으로 기록을 마친 뒤 이 과정을 여러 번 반복해 최대한 많은 기억을 끄집어내어 글로 적어보자. 자신의 머릿속에 강하게 자리 잡아 스트레스를 주는 괴로운 기억을 머리 밖으로 끄집어낸다는 생각으로 종이 위에 자세히 적어 내려가다 보면 제3자의 관점에서 객관적인 관찰을 할 수 있게 된다.

이 과정을 여러 번 반복할수록 처음에는 견디기 힘들었던 마음이 매번 조금씩 덜해지게 된다. 이때 스트레스 강도가 점점 줄어들어 나중에는 아무런 마음의 동요 없이 담담한 느낌으로 기록할 수 있을 때까지 멈추지 말고 계속하는 것이 효과적이다.

이런 과정을 여러 번 반복하면 나중에는 더 이상 생각나는 것이 없더라도 여전히 불편하고 힘든 마음이 남아 있을 수 있다.

이럴 때는 똑같은 내용일지라도 담담한 마음이 들 때까지 계속 반복해 기록한다. 이런 식으로 며칠에 걸쳐 집중적으로 반복하다 보면 나중에는 생각하기조차 힘들었던 기억이 또다시 떠오르더라도 스트레스를 느끼지 않게 된다. 그리고 결국에는 자신을 괴롭혔던 이 기억도 머릿속에서 서서히 잊힐 것이다.

만일 스트레스를 주는 기억이 단순한 스트레스가 아닌 심각한 트라우마의 경험이라면 반드시 정신건강의학 전문의나 심리 상담가 등 전문가의 도움을 받아야 한다.

두 번째는 자신이 감독이 되어 과거의 기억 속 장면을 다시 촬영하고 편집한다고 가정해보는 것이다. 그때는 자신이 일방적으로 어쩔 수 없이 받아들여야 했던 수동적 처지였다면 지금은 감독인 자신이 주체가 될 수 있다. 물론 과거에 일어난 사건 자체를 아예 없었던 일로 바꾸는 것은 불가능한 일이다. 그러나 같은 장면을 다시 촬영하는 동안 그때의 소품이나 소리, 장소 등을 바꿔 현재의 스트레스를 완화할 수는 있다.

예를 들어 자신을 괴롭히고 힘들게 한 사람이 있다면 얼굴에 피에로 분장을 시키고 우스운 복장을 입히거나, 자신에게 막말을 쏟아내던 입에서 팝콘이 와르르 쏟아져 나오는 상상을 해본다. 옛날 무성영화를 빨리 돌리듯 아무런 음향 없이 우스꽝스러운 몸짓만 반복되게 편집하거나 서커스 악단의 요란스러운 연주를 배경음악으로 깔 수도 있다.

이렇게 컴퓨터그래픽과 특수촬영 기법을 이용하거나 상상력과 유머감각을 발휘해 자신이 기억하는 장면에 우스꽝스러운 요소를 최대한 많이 만들어내 기억을 변형시킨다.

여러 번 촬영과 편집을 반복하다 보면 처음에는 그 기억을 떠올릴 때마다 화가 나겠지만 나중에는 피식하고 웃음이 나오면서 스트레스가 해소될 수 있다.

교수로 일하면서 가장 스트레스를 받는 경우는 바로 매 학기 말 교수 수업평가 결과지를 받을 때다. 한 학기 동안 최선을 다해 학생들을 가르쳤다고 생각하지만 현실적으로 모든 학생을 만족시킬 수는 없기에 몇몇 학생들의 불만과 비판을 감수해야 한다. 그중에는 도움이 되는 건설적인 의견도 있지만 익명성을 이용해 인신공격성 비방이나 무차별적 험담을 쓰는 학생도 적지 않다.

그런 비방과 험담의 말이 떠오를 때면 나는 기억 속 장면을 재촬영해보곤 한다. 노란 유치원생 옷을 입은 어린 꼬마가 평가지에서 툭 튀어나와 잔뜩 화가 난 표정으로 "너 왜 나한테 나쁜 점수를 줬어?"라고 투덜대는 이미지를 상상하는 것이다. 몇 번에 걸쳐 이렇게 기존의 기억을 새로운 이미지로 대체하는 연습을 하면 나중에는 머릿속에서 평가지를 떠올려도 피식 웃음이 나와 예전만큼 스트레스를 받지 않는다. 이처럼 기억 변형 테크닉은 똑같은 상황이지만 그 상황을 바라보는 자신의 시각을 바꿔 스트레스가 줄어들게 해준다.

·························· 그런데 자신을 괴롭히는 생각이 어떤 한 장면이 아니라 어떤 한 사람에 고착되어 있다면 앞의 두 방법이 효과가 없을 수도 있다. 자신을 괴롭히는 직장 상사의 얼굴이 머릿속에서 떠나지 않는다는 것은 자신이 어딜 가든지, 무엇을 하든지 상관없이 그 상사가 계속해서 자신의 뒤를 졸졸 따라다니는 것과 같다. 밥을 먹는 동안에도 그가 등 뒤에 달라붙어 있고, 길을 걸어갈 때도 등에 업혀 짓누르며, 잠을 잘 때도 바로 옆에 누워 있는 거나 마찬가지인 셈이 아닌가. 자신은 그 사람 때문에 이렇게 괴로운데 정작 그 사람은 이런 괴로움을 알지 못한 채 혼자서 잘 살고 있다면 얼마나 속이 뒤집힐 일인가.

이렇게 특정 인물이 머릿속 쳇바퀴 안에서 나오지 않고 있다면 앞서 소개한 '손해와 이득 재보기'를 해보자. 즉, 그 사람에 대한 생각을 계속함으로써 자신에게 어떤 손해가 생기고 어떤 이득이 생기는지를 분석, 비교해보는 것이다. 먼저 정신적으로 그 사람을 등 뒤에 계속 업고 다니면서 자신은 어떤 손해를 보고 있는가. 밥을 먹어도 소화가 잘 안 되고 화가 나서 일도 손에 잘 안 잡히고 잠도 잘 안 온다면 자신의 일상을 한 사람 때문에 송두리째 저당 잡히고 있는 셈이다.

그렇다면 반대로 그 사람을 계속 생각함으로써 자신에게 어떤 이득이 얻어지는지를 분석해보자. 이런 생각으로 얻어지는 이득이 아무것도 없다면 과연 내가 이 생각을 계속해야 할 이유가 있을까.

생각하고 싶지 않은 과거의 기억은 마치 부메랑처럼 다시 돌아와 우리 머릿속으로 계속 침입하려 할 것이다. 기억을 완전히 머릿속에서 쫓아내 버리는 것은 불가능한 일이니 말이다. 잊을 만하면 또 생각나고 이제 괜찮다 싶으면 또다시 떠오를지도 모른다.

전기 스위치처럼 기억을 완전히 꺼버릴 수는 없지만, 그 불빛의 세기를 희미하게 할 수는 있다. 예전에는 눈도 뜨지 못할 정도로 그 불빛이 지나치게 환했다면 이제는 생활에 지장을 받지 않을 정도로 약하게 줄일 수 있다.

"타인에게 상처를 주는 사람은
대개 지독한 열등감이 있거나,
자신의 삶이 행복하지 않거나,
건강한 인간관계를 맺을줄 모르는
외로운 사람이야.
'너 참 불쌍하다, 난 너 같은 사람에게
내 귀중한 에너지를
낭비하지 않겠어' 라고 말해봐."

더 긍정적인 면에 집중하려면

치열한 경쟁 속에서 바쁘게 살아가는 현대인들이 겪는 증상 가운데 '번 아웃 증후군(Burn-out syndrome)'이 있다.

마치 연료가 모두 타버린 듯 신체적, 정신적 에너지가 소진된 상태를 의미하는데, 우리말로는 '소진 증후군' 또는 '탈진 증후군'이라고도 한다. 번 아웃 증후군을 경험하는 사람들은 아무런 의욕이 없고, 자신이 하고 있는 일에 쉽게 회의를 느끼고, 만성적으로 피곤함을 느끼거나 무기력하고, 사소한 일에 짜증을 내기도 한다. 또한 일의 효율성과 생산성이 떨어지며 두통과 소화불량, 불면증, 면역력 저하 같은 신체적 증상을 겪기도 한다.

번 아웃은 직장에서 과도한 업무량에 시달리거나 부당한 대우를 받을 때, 직장 동료들과 사이가 좋지 않을 때, 일에 대한 인정을 받지 못하고 일하는 환경이 좋지 못할 때 등 스트레스 원인을 스스로 조절할 수 없는 경우에 더욱 빈번히 일어난다.

사람들은 주로 일이 과도하게 많거나 어려운 일을 할 때 스트레스를 받지만, 반대로 일이 너무 없거나 지나치게 쉬운 일을 반복적으로 할 때도 지루함을 느껴 일에 대한 의욕이 떨어지므로 번 아웃과 비슷한 정도의 강한 스트레스를 받는다.

'내가 이 상황에서 할 수 있는 일은 아무것도 없다'는 무기력감 또한 극단의 스트레스를 일으킨다. 월급을 받지 않고는 당장 생활이 되지 않기에 '어쩔 수 없이' 일을 해야 하고, 막말을 하는 직장 상사에게 대들었다가는 바로 해고될 수 있기에 '어쩔 수 없이' 참아야 하고, 폭음을 해야 하는 회식이 싫지만 직장 문화이기에 '어쩔 수 없이' 회식에 참여해야 하는 상황 등을 예로 들 수 있다.

이때 '나는 이 상황에서 아무것도 바꿀 수 없기 때문에 지금 이 상태로 계속해서 살아야 한다'는 생각이 들면 마치 빠져나갈 수 없는 좁은 공간에 꼼짝달싹하지 못하고 갇혀버린 듯 엄청난 스트레스를 받게 되고 번 아웃으로 이어지는 것이다.

당신이 만약 번 아웃 증후군을 경험하고 있다면 현재 자신의 스트레스 해결 패턴에 문제점이 있다는 것이다. 예를 들어 스트레스를 받는 상황에서 '때려치우고 싶다'와 같은 부정적인 생각을 하거나 폭식이나 폭음 등을 반복하는 등 건강하지 않은 방법으로 스트레스를 해소하고 있을 가능성이 높다. 이런 잘못된 스트레스 해결 패턴을 바꾸려면 다음과 같은 방법을 연습해보자.

스트레스의 원인에 대한 나의 생각부터 바꾸자

먼저 스트레스의 원인에 대한 나의 생각을 바꿔야 한다. '모든 업무를 완벽하게 해야 한다'는 완벽주의적인 생각으로 '최고'의 성과를 올리려고 하기보다는 자신이 할 수 있는 한 최선을 다하면 된다는 생각을 한다. 또한 '하기 싫어' '지겨워'와 같이 우울감과 무기력감을 일으키는 부정적인 생각보다는 '피할 수 없다면 즐기자' '일할 수 있는 지금의 현실에 감사하자'와 같은 긍정적인 생각을 의식적으로 반복해야 한다.

만약 다니던 직장을 당장 그만두고 자신의 이상을 좇아 새로운 일을 시작하고 싶다고 하자. 하지만 안타깝게도 그럴 수 없는 현실이라면 자신의 생각을 바꿔 스스로 보호해야 한다. 나아가 직장과 집의 공간을 정확히 구분해 퇴근 후 집에서는 그날 직장에서 있었던 일에 대한 생각을 완전히 차단하는 등 좀 더 적극적으로 생각 고르기 연습을 해보자.

다음으로는 스트레스를 해소하는 나의 행동을 바꿔야 한다. 술과 담배로 건강을 해치면서 스트레스를 푸는 대신 조깅을 하거나 자전거를 타는 등 운동을 하고, 인스턴트 음식으로 배를 채워 스트레스를 해소하는 대신 좀 더 영양가 있는 음식을 먹는 것이다. 또한 요가나 명상 등으로 몸의 긴장을 풀어주는 것도 좋다. 여가 시간에는 자신이 좋아하는 것을 하며 적절한 스트레스와 즐거움으로 균형 잡힌 삶을 만드는 것이 중요하다.

스트레스를 이겨내는 데 가장 중요한 것은 바로 '이 열악한 상황을 좀 더 발전시키기 위해 내가 할 수 있는 일은 과연 무엇인가'를 고민하고 실천하는 것이다. 즉, '난 아무것도 할 수 없어'라는 피해자적인 마인드가 아니라 '내 의지에 따라 변화시킬 수 있다'는 능동적인 마인드로 변하는 것이 그 열쇠다. 내가 어떤 스트레스를 받으며 살아가고 있는지는 그 누구도 가늠하지 못한다. 또한 그 누구도 내가 받는 스트레스를 대신 경험해줄 수도, 해결해줄 수도 없다. 지금 이 상황에서 내가 할 수 있는 일이 무엇인지 고민하고 최소한의 노력이라도 해보자.

그래도 안 되면 그때 이직을 고려해도 늦지 않다. 만약 이직을 고려한다면 그에 따르는 위험은 무엇인지 그리고 원하는 직장을 찾기 위해 어떤 노력을 해야 하는지 등을 비교 분석하는 것이 중요하다. 이직하게 될 때 긍정적인 결과보다 오히려 위험 부담이 더 크다면 그때는 담담히 현재 상황을 받아들여야 한다.

이때 '어쩔 수 없이 앞으로도 계속 이렇게 살아야 해'라는 수동적인 생각보다는 '지금 직장을 있는 그대로 받아들이기로 한 것은 내 선택이자 결정이다. 왜냐하면 다른 직장을 찾는 것보다 이러이러한 이유로 지금 직장에 있는 것이 위험 요소가 더 적기 때문이다'라는 능동적인 생각이 현재 상황에 훨씬 도움이 될 것이다. 쉽지 않겠지만 좀 더 긍정적인 면에 집중하는 생각 고르기를 생활화해야 한다. 피할 수 없다면 즐겨야 산다.

"인생에는 정답도 오답도 없어.
너의 답만 있을 뿐이야."

그 일이 일어날 확률은 생각보다 적다

CHAPTER 29

상담을 하면서 피해야 할 몇 가지가 있는데 그중 하나가 바로 "다 잘될 거예요"라는 말이다.

살다 보면 누구나 좋은 일이 생길 때도 있고, 그렇지 않을 때도 있다. 인생을 살면서 평생 좋은 일만 계속해서 일어나는 사람은 이 세상에 단 한 명도 없다.

모든 일에는 잘 안 될 경우의 가능성을 열어두어야 한다. 단순히 위로해주고 싶은 마음만으로 "너무 걱정하지 마세요. 다 잘 될 거예요"라고 말하는 것은 무책임할 수 있다.

이때는 추상적인 위로 대신 상대방의 걱정을 진심으로 들어주고 함께 공감해주되, 만약 '잘 안 될 경우'를 대비한 해결 방법을 찾도록 하는 것이 좀 더 현실적인 도움이 될 수 있다.

사람들은 한 치 앞을 알 수 없는 미래에 대비하며 여러 가지 계획을 세운다. 자신이 계획한 대로 잘 되었을 경우를 생각하기도 하지만, 반대로 계획했던 것과는 달리 잘 되지 않았을 경우를 대비해 플랜 B를 세우기도 한다.

이렇게 미래를 미리 계획하고 대비하며 준비하는 자세를 습관화하면 언제 어디에서 어떤 큰 어려움에 부딪혀도 잘 대처해 극복해 나가는 문제 해결 능력을 키울 수 있다.

중요한 것은 생각의 균형이다

·························· 사고가 건강하게 작용하는 데 가장 중요한 것은 바로 생각의 균형이다. 항상 최선의 경우만을 상상해 모든 일이 막연하게 '다 잘될 것'이라고만 생각하거나, 반대로 항상 최악의 경우만을 상상해 모든 일이 잘못될 거라고만 생각하는 것은 둘 다 균형을 잃은 사고 패턴이다.

우리나라에 만연해 있는 안전불감증은 최악의 경우에 일어날 수도 있는 위험한 일에 대해 아무런 대비책도 세우지 않고 최선의 경우만을 생각하다가 균형을 잃은 것이라고 볼 수 있다. 이와 반대로 최악의 경우만 생각하다 보면 불안장애나 공황장애로 발전해 일상생활에서 큰 지장을 겪을 수도 있다.

C씨는 미국 이민자로 정부의 생활보조금 지원을 받으며 중학생 딸과 단둘이 사는 싱글맘이다. 몇 년 전 사고로 생긴 장애로 극심한

우울과 불안 증세를 겪고 있던 그녀는 아이가 학교에 가있는 동안 내내 최악의 경우만을 상상했다. 그녀는 딸의 얼굴이 너무 예뻐 나쁜 사람들에게 쉽게 표적이 될 수 있다고 믿었고, 실제로 하교 시간이 가까워지면 집에 오는 길에 딸이 납치당할 지도 모른다는 두려움으로 몹시 불안해했다.

영어가 서툴러 상담 치료를 위해서도 통역이 필요했던 그녀는 자신의 상상대로 아이가 납치될 경우 경찰에 바로 응급 상황으로 신고할 수 있도록 "내 아이가 납치당한 것 같아요. 몇 시간째 집에 안 들어오고 있어요"라는 문구를 영작해 전화기 옆에 붙여둘 정도였다.

C씨처럼 매사에 걱정과 불안이 많은 사람들은 걱정을 해야 하는 중요한 이유, 즉 걱정이 가져다주는 좋은 점이 있다고 믿는다. 실제로 그녀에게 왜 항상 최악의 시나리오를 떠올리는지 묻자 그녀는 이렇게 대답했다.

"최악을 생각하면 대부분 내가 상상했던 최악의 시나리오보다는 덜한 상황이 와요. 최악의 상황은 거의 일어나지 않거든요. 그러면 '내가 이렇게 나쁜 상상을 했으니 이런 일은 이제 일어나지 않을 거야' 하면서 안심할 수 있어요."

이런 사고 패턴을 반복하게 되면 C씨처럼 최악을 상상하며 불안해하면서도 또 한편으로는 그 불안 속에서 다시 안심하게 되는, 극도의 불안과 안심을 반복하는 패턴에 갇히게 된다.

최악의 경우를 생각해야 그런 일이 일어나지 않을 거라는 미신적인 사고, 혹은 최악의 경우를 생각해야 무슨 일이 생기든지 최악보다는 나을 거라는 위안을 받으려는 사고 패턴은 당연히 정신 건강에 부정적 영향을 끼칠 수밖에 없다.

도움이 되는 걱정 vs 도움이 되지 않는 걱정

걱정과 불안이 많은 사람들은 단순히 어떤 나쁜 일이 '일어날 수도 있다'는 가능성 자체에만 큰 의미를 둔다. '테러가 일어날 수도 있어' '물에 빠질 수도 있어' '비행기가 추락할 수도 있어' 등과 같이 '~할 수도 있다'는 가능성에만 집중해 크게 불안해하는 것이다.

그러나 이런 일이 일어날 가능성은 있을 수 있더라도 실제로 일어날 확률은 그리 크지 않다. 물론 만약의 가능성과 낮은 확률에 대비하는 것도 필요하지만 무엇보다도 생각의 균형을 잃지 않아야한다.

만약 일어날 가능성이 있다는 사실에만 집중해 불안해하고 걱정해야 한다면 우리는 아마 이 세상에 일어나는 모든 일들을 걱정하며 살아야 할 것이다.

예를 들어 바다에서 수영하다가 상어를 만날 가능성도 '있을' 수있고, 천둥 번개가 치는 날 길을 걷다가 벼락을 맞을 가능성도 '있을' 수 있다.

그렇다면 과연 바다에서 수영하다 실제로 상어를 만날 확률은 얼마나 될까? 길을 걷다가 벼락을 맞을 확률은? 아마도 매우 낮을 것이다.

이렇게 가능성이 아닌 '확률'에 초점을 맞춰보자. 그런 일이 일어날 거라는 걸 얼마나 확신하는가?

최악의 경우만을 상상하는 사고 패턴을 바꾸기 위해서는 우선 '도움이 되는 걱정'과 '도움이 되지 않는 걱정'을 구분해야 한다.

도움이 되지 않는 걱정이라면 당장 멈추려고 노력해야 한다. 단순히 걱정하는 것에만 그치는 게 아니라 걱정거리에 대비해 문제를 해결하기 위한 적극적인 행동이 필요하다.

도움이 되는 걱정과 도움이 되지 않는 걱정을 구분하려면 다음과 같은 질문을 해보면 알 수 있다.

"이 일은 일어날 확률이 높은가?"

"이 일은 내 노력 여하에 따라 막을 수 있는가?"

"이 일이 일어날 것에 대비해 내가 미리 준비할 수 있는 일이 있는가?"

확률이 아주 미미한, 확신할 수 없는 일을 걱정하는 것은 '도움이 되지 않는 걱정'이다. 내게 일어날지, 일어나지 않을지 알 수 없는 일을 걱정하는 것은 내 힘으로 컨트롤할 수 없는 일이므로 에너지와 시간 낭비일 뿐이다.

그 반면 확률이 매우 큰, 결과를 확신할 수 있는 일에 대해 걱정하는 것은 '도움이 되는 걱정'이다. 예를 들어 앞으로 오 년 동안 하루도 빠짐없이 매일 술과 담배를 할 때 건강이 나빠질 확률은 얼마나 되는가? 과제물을 내지 않고 매일 학교 수업을 빠질 때 성적이 떨어질 확률은? 무분별하게 신용카드를 쓰고 납부금을 하나도 내지 않을 때 신용불량자가 될 확률은?

이런 일이 일어날 확률은 모두 백 퍼센트에 가까우므로 결과에 대해 확신할 수 있는, 도움이 되는 걱정이다. 그리고 이런 일들이 일어나지 않도록 스스로 얼마든지 컨트롤하고 노력할 수 있다. 술과 담배를 끊고, 학교 수업에 빠지지 않고 과제물을 꼭 내며, 과도한 신용카드 사용을 줄이고 납부금을 제때 내면 부정적인 결과를 미리 막을 수 있다.

나는 C씨에게 아이가 학교에서 돌아올 때까지 '납치당할지도 모른다'라는 가능성에만 초점을 맞춰 생각하는 대신 '납치당할 확률은 극히 낮고 그런 사건이 일어날 거라 확신할 수 없다'는 생각을 한다면 어떤 장단점이 있을지 물었다.

그녀는 그렇게만 할 수 있다면 집에서 마음 편하게 아이를 기다릴 수 있고, 온종일 불안에 떠는 일도 없을 거라며 금방 편안한 표정이 되어 대답했다.

이처럼 먼저 그녀의 걱정은 일어날 확률이 매우 낮은, '반드시 일어난다고 확신할 수 없는 일'이라는 점을 그녀 스스로 인식하도록 했다. 그리고 이 걱정을 계속하는 것과 왜곡된 사고 패턴을 바꿔 걱정을 멈추는 것이 각각 어떤 장단점을 가져다주는지 생각해보도록 했다. 이와 같은 연습 과정을 반복하면 스스로 올바른 사고방식을 깨달을 수 있다.

물론 아주 적은 가능성이지만 그녀의 불안감을 실제로 줄여주기 위해 호루라기와 페퍼 스프레이 같은 안전장비를 딸에게 마련해준 것도 그녀가 좀 더 균형 있는 사고를 하는 데 도움이 됐다.

걱정과 불안도 컨트롤이 가능하다

걱정과 불안은 곧 '불확실한 미래' 때문에 생기는 감정이므로 확실성에 초점을 맞추고 균형적인 사고를 하면 사라진다. 도움이 되지 않는 걱정이 머릿속에 떠오를 때마다 '이 일이 일어날 가능성이 있는가'가 아니라 '이 일이 반드시 일어날 거라고 확신할 수 있는가'라는 질문을 던져보자. 그리고 '~할지도 몰라'라는 생각을 '~할지 확신할 수 없어' 또는 '확실하지 않아'라는 말로 바꿔 반복하는 연습을 한다.

평생 머릿속으로 수없이 반복해온 생각이기 때문에 생각을 바꾸려 노력해도 오히려 처음에는 불안한 마음이 더 커질 수 있다. 그러나 '걱정하는 일이 일어난다고 반드시 확신할 수 없다' '지금 걱정하는 일은 확률상 불가능한 일이다'라는 말을 소리내어 크게 반복하면 조금씩 불안한 마음이 가라앉을 것이다.

사람마다 다르긴 하지만 대략 15분 정도면 이런 연습을 통해 어느 정도 불안이 잦아드는데, 만약 15분 이상 계속해도 마음이 안정되지 않으면 불안한 정도가 적어도 반 이상 줄어들 때까지 계속한다. 이때 다른 행동을 하게 되면 신경이 분산될 수도 있으므로 말을 반복하는 데만 집중한다. 그래야 효과를 빨리 볼 수 있다.

또 다른 연습 방법으로는 '걱정 시간에 걱정하기' 테크닉이 있다. 걱정이 많은 사람들은 직장에서, 차 안에서, 식사 자리에서, 집에서, 잠자리에서 등 때와 장소를 가리지 않고 걱정을 한다. 따라서 온종일 시도 때도 없이 걱정하는 대신 걱정하는 시간을 따로 정해 하루에 단 30분만 걱정을 하도록 계획을 세워보자. 걱정이 떠오르면 그 순간 바로 걱정을 하지 않고 종이에 그 걱정거리를 짧게 메모해둔다. 이렇게 하면 머릿속에 걱정이 생길 때마다 수동적으로 걱정하는 게 아니라 몇 시간 뒤로 미룰 수 있기에 능동적으로 걱정을 컨트롤할 수 있다. 그리고 정해둔 걱정 시간이 되면 그 시간에는 다른 건 아무것도 하지 않고 그날 종이에 적어둔 걱정 리스트를 보며 '열심히' 걱정만 해본다.

이 연습을 일주일 정도 해본 뒤 작성해둔 걱정 리스트를 보며 반복되는 걱정 패턴이 있는지 살펴본다. 또한 걱정 시간 이전과 이후에 불안함을 느끼는 정도가 어떻게 변화되는지도 함께 체크해본다.

사람들은 대개 비슷한 주제나 내용으로 걱정을 하는 경향이 있기 때문에 이 연습을 통해 자신이 어떤 걱정을 주로 하는지를 알 수 있다.

이렇게 걱정 시간을 따로 정해놓으면 '온종일' '모든 것'에 대해 걱정하는 것이 아니라 정해진 시간에만 비슷한 것들에 대해 '한정된 걱정'을 한다는 것을 깨닫게 되어 점점 걱정의 횟수가 줄어든다. 또한 자신이 어떤 불필요한 걱정을 하는지 깨닫게 되는 효과도 있다.

누구나 걱정 없이 살 수는 없다. 만에 하나라는 가능성과 확률이 낮은 일에 대해서도 철저한 준비와 대비가 필요하다. 그러나 생각의 균형을 잃지 말고 자신에게 도움이 되는 걱정을 하며 자신이 조절하고 준비할 수 있는 일을 대비하며 살아가야 할 것이다.

"문제는 해결하기 위한 것이지,
걱정하며 끌어안고 있어야 하는 것이 아니야."

만약 그러면 어떡하지?

CHAPTER 30

심리 치료 기법 중 하나로 '마음챙김 명상(mindfulness medi-tation)'이 있다. 현재 이 순간에 집중하기, 그리고 있는 그대로의 나와 공존함으로써 마음의 평안함에 머무르기를 훈련하는 것이다.

처음 명상을 할 때는 머릿속에 떠오르는 온갖 잡다한 생각 때문에 단 몇 분이라도 지속하는 것이 쉽지 않다. 이때 머릿속은 과거에 경험했던 일들과 그때 느꼈던 감정, 혹은 미래에 대한 걱정과 불안, 공상으로 가득 차게 된다.

생각은 이렇게 끊임없이 나의 과거와 미래, 현실과 공상 사이를 쉬지 않고 오가는 것이다. 따라서 명상을 통해 이 모든 생각을 잠시 멈추고 '지금 이 순간'에 집중함으로써 몸과 마음의 이완 상태를 경험하고 치유의 힘을 기를 수 있다.

·················· 명상을 하다 보면 우리가 평소에 불필요하고 부정적인 생각을 주체적으로 흘려보내며 다른 긍정적인 생각으로 대체하기보다는 수동적으로 받아들인다는 것을 느낄 수 있다. 즉, 아무 생각이나 머릿속에 떠오르는 대로 받아들여 한 가지 생각에 얽매이거나, 부정적인 생각도 무조건 수용하는 것이다.

우리는 긍정적인 생각과 부정적인 생각, 현실적인 생각과 비현실적인 생각을 구별해 올바른 생각을 적절히 선택하는 게 아니라 머릿속에서 떠오르는 대로 생각한다. 특히 걱정이 많은 사람들은 일어나지 않은 미래에 대한, 꼬리에 꼬리를 무는 끝없는 걱정에 사로잡혀 있다.

이때 가장 보편적으로 많이 하는 생각이 바로 '만약 그러면 어떻게 하지(what if)'다.

H씨는 병에 대한 걱정과 불안이 유난히 많았다. 소화가 잘 안 되는 날이면 "혹시 위암에 걸린 게 아닐까. 증상이 비슷한 것 같은데, 만약 진짜 암에 걸렸으면 어떡하지?"라고 걱정했다. 피부에 붉은 반점이 생긴 걸 발견하고는 "혹시 에이즈에 걸렸으면 어떡하지? 인터넷에서 본 에이즈 증상과 똑같아 보이는데"라는 걱정을 했다. 심지어 몇 개월 전 '원 나잇 스탠드'를 한 기억에서부터 10여 년 전 대학 시절의 기억까지 떠올리며 후회하고 괴로워했다.

이처럼 미래에 대한 과도한 걱정과 불안은 왜곡되고 과장된 생각으로부터 시작된다. '만약 그러면 어떻게 하지'와 같은 사고 패턴은 알 수 없는 자신의 미래를 끊임없이 '예측'하게 하고, 다양한 가능성을 떠올리게 한다. 그리고 이런 '불확실성'은 결국 우리를 불안하게 한다.

예를 들어 처음 학생을 가르치게 된 초임 교사가 '학생들의 질문에 제대로 답하지 못해 망신을 당하면 어떡하지'라는 걱정을 하거나, 입시를 치른 학생이 '원하는 대학에 떨어지면 어떡하지'라며 불안해하는 것이다.

사람들은 누구나 매일 끊임없이 공상을 한다. 다만 머릿속으로 공상을 한다는 것을 미처 인식하지 못할 뿐이다. 우리는 식사 때가 되면 먹고 싶은 음식을 생각하며 입안에 침이 고이고, 외식이나 쇼핑을 앞둔 날에는 연인이나 가족과 즐거운 시간을 보내는 모습을 상상한다.

그것이 기분 좋은 장면이면 우리 기분도 좋아지지만, 반대로 불쾌하고 기분 나쁜 장면이면 우리 기분도 함께 나빠진다. 이처럼 우리가 불안함과 두려움을 느끼는 이유는 머릿속으로 두려운 장면을 떠올리고 있기 때문이다.

만일 질병에 대한 두려움이 크다면 머릿속에서는 이미 심각한 병을 앓으며 병원 침대나 수술대 위에 누워 있는 자신의 모습을 상상하고 있을 가능성이 크다. 요즘은 누구나 인터넷으로 정보를 쉽게 얻다 보니 오히려 잘못된 정보 때문에 두려움과 불안을 키우는 경우가 적지 않다. 신체 질환이 의심될 때 빨리 병원을 찾아 올바른 진단과 치료를 받기보다는 인터넷에서 얻은 정보로 자가진단을 내려 혼자 두려움에 떨거나 때로는 잘못된 대처로 병을 더 키우는 것이다.

이런 사람들은 전문 의학지식이 아닌 보편적이거나 잘못된 비전문적 정보에 의존하다 보니 이성적 판단보다는 감성적 인식으로 행동하게 된다.

그래서 사소한 증상에도 마치 심각한 질병에 걸린 듯 병원 침대에 누워 있는 자신의 모습을 머릿속으로 상상한다.

H씨 또한 소화불량이나 경미한 피부 질환에도 머릿속으로는 현대 의학으로 치유하기 어려운 큰 병을 얻어 고통 속에 투병하는 모습이나 사회적으로 고립되는 모습을 상상했다. 심지어는 자신이 병에 걸렸다는 것을 당연한 기정사실로 정해놓고 '차라리 고통 없이 죽어버리는 게 낫지 않을까' 라는 극단적인 생각까지 했다. 그의 머릿속에서 꼬리에 꼬리를 물고 떠오르는 '어떡하지' 사고 패턴은 결국 그에게 큰 불안과 고통을 주었다.

만약 '어떡하지' 하는 생각이 머릿속에 떠오른다면 그 상황에서 무언가 불확실성을 감지했다는 신호로 받아들일 수 있다.

기질적으로 불안이 많은 사람들은 불확실성에 매우 예민하기 때문에 이를 감지할 경우 머릿속에서는 곧바로 '어떡하지' 사고 패턴이 작용해 불안함을 느낀다.

그리고 한번 작용한 이런 사고 패턴은 또 다른 '어떡하지'를 연달아 불러오고, 결국 엄청난 속도로 걷잡을 수 없는 불안의 소용돌이를 일으키며 끝없는 걱정과 불안을 낳는다.

'불확실성' 때문에 느끼는 불안한 마음을 안정시키기 위해서는 그러한 상황이 절대 일어나지 않을 거라는 '확실성'이 반드시 보장되어야 한다. 그러나 미래에 어떤 일이 일어날지 확실한 것은 아무것도 없기 때문에 불안이 많은 사람들은 미래에 대해 큰 두려움을 느낀다.

따라서 '어떡하지' 패턴으로 나타나는 걱정과 불안은 '그렇지 않을 것이다' '그런 일은 없을 것이다'라고 무작정 부인해서는 별로 도움이 되지 않는다.

"원하는 대학에 떨어지면 어떡하지?"라고 걱정하는 사람에게 "걱정 마. 반드시 합격할 거야"라고 말해준다고 해서 걱정이 단번에 사라지지는 않는 것이다.

'어떡하지' 패턴의 걱정은 앞서 설명했던 '도움이 되는 걱정'과 '도움이 되지 않는 걱정' 중 후자의 경우에 해당한다. '어떡하지'는 미래에 일어날지도 모르는 일, 즉 실제로는 존재하지 않는 상황에 대한 불안과 두려움이기 때문에 '가설적 상황에 대한 걱정(hypothetical event worry)'이라고 한다.

예를 들어 현재 암 투병을 하고 있는 가족을 걱정하는 것은 '실제 상황에 대한 걱정(real event worry)'이지만, '만약 암에 걸리면 어떡하지'라는 걱정은 실제가 아닌 머릿속에서 만들어낸 상황에 대한 걱정이다.

즉, 전자는 현재(실제)에 대한 걱정, 후자는 미래(공상)에 대한 걱정이다.

.... 임상심리학자인 케빈 미레스와 마크 프리스턴 박사는 가설적 상황에 대한 걱정과 실제 상황에 대한 걱정을 구분하기 위해 스스로에게 다음의 질문을 해보라고 한다.

"걱정하는 일이 벌어지고 있는 상황이 현재인가 미래인가?"
"걱정이 시작된 이유가 무엇인가? 바로 직전에 나는 어떤 생각을 하고 있었는가?"
"어떤 생각을 하는 순간 불안함이 들기 시작했는가?"
"실제 상황에 대한 생각인가, 아니면 존재하지 않는 상상 속 상황에 대한 생각인가?"
"내 노력 여하에 따라 문제를 해결할 수 있는 일인가?"

실제 걱정과 가설적 걱정은 때로는 한데 어우러져 나타나기도 한다. 실제 걱정이 가설적 걱정으로 발전되는 경우도 있고, 반대로 가설적 걱정이 실제 걱정이 되기도 한다.

예를 들어 실제 상황에서 암에 걸린 가족을 보며 걱정하다가 암으로 의심되는 증상이 자신에게서 발견되면 '나도 암에 걸렸으면 어떡하지' 하는 가설적 걱정으로 발전될 수도 있다. 혹은 '암에 걸렸으면 어떡하지' 하는 가설적 걱정이 스트레스가 되어 잦은 두통이나 소화불량 등 실제 걱정거리로 나타날 수도 있다.

가설적 상황에 대한 걱정은 실제로 일어나고 있는 일은 아니지만 불안과 두려움의 정도는 마치 실제 상황을 겪는 것처럼 굉장히 리얼하다. 미래에 대한 걱정이기 때문에 걱정을 하는 동안 머릿속에서는 미래의 때와 장소로 시공간 이동을 하게 되고, 공상 속 세계를 실제로 경험하는 듯한 착각이 든다.

더 도움이 되는 다른 생각으로 '생각 대체하기'

····································· 따라서 이때는 다시 정신을 차리고 현재로 돌아오는 노력을 해야 한다. 미래에서 현재로 돌아오는 타임머신을 타야 하는 것이다.

'어떡하지' 사고 패턴이 또 머릿속에서 재생되기 시작하면 아직 일어나지도 않은, 일어날 확률도 그리 크지 않은 미래의 좋지 않은 상황을 상상하지 않도록 즉시 생각을 중지시킨다. 그리고 더 도움이 되는 다른 생각으로 대체해야 한다.

'대학에 떨어지면 어떡하지'라는 생각이 든다면 '떨어진다'라는 부정적인 가설 대신 '최선을 다했으니 희망을 갖고 기다려보자. 만일 결과가 좋지 않더라도 걱정은 그때 가서 해도 늦지 않아'라는 생각으로 대체하는 것이다. 또한 '학생들 질문에 대답하지 못하고 실수하면 어떡하지'라는 생각 대신 '대답을 못해도 괜찮아. 자세히 알아보고 다음에 다시 가르쳐준다고 말하면 돼'라는 생각으로 대체한다.

경험이 없는 교사가 '어떡하지'라는 걱정에만 매달린다고 해서 정작 해결되는 것은 아무것도 없다. 오히려 불안함만 더욱 커질 뿐이다. 그 대신 스스로에게 응원의 말을 해보자. '많은 학생들 앞에서 첫 수업을 하기 전에 떨리는 건 당연해. 처음부터 잘 가르치는 사람은 이 세상에 아무도 없어. 좀 실수해도 괜찮아. 이렇게 조금씩 경험을 쌓으면 점점 나아질 수 있어.' 그러면 점점 자신감이 생기면서 머릿속의 불안도 사라질 것이다.

머릿속에서 걱정하기 시작하면 우리 몸은 그 상황을 실제로 받아들이기 때문에 많은 에너지를 소비하게 되어 몸도 마음도 피로해진다. 걱정을 멈추기 위해서는 우선 앞서 언급한 '손해와 이득 재보기' 테크닉을 사용해 이런 걱정을 계속하는 것이 나에게 어떤 손해가 되고 어떤 이득을 가져다주는지 생각해보자.

끊임없이 걱정하며 불안과 두려움으로 고통스러운 하루하루를 살고 싶은가, 아니면 걱정을 내려놓고 당장은 힘들지만 자신의 불안과 마주해 잘못된 생각을 바꾸거나 현실적인 해결점을 찾아 편안한 마음으로 지내고 싶은가.

머릿속으로 온갖 상상을 하며 걱정하는 것이 이득보다 손해가 더 많다는 사실을 깨달았다면, 당장 머릿속에서 빠져나와 걱정을 멈추고 대신 문제 해결에 집중해보자.

걱정이 들기 시작한다는 느낌이 생기면 이를 문제 해결을 시작해야 하는 '신호'로 받아들여보자. 문제를 해결하는 데 온통 집중하다보면 당장은 불편하고 힘들겠지만 결국엔 걱정할 일이 줄어들 것이다. 그러나 머릿속으로 걱정만 할 경우 문제는 해결되지 않고 걱정만 더욱 늘어날 뿐이다.

이때 유용한 방법으로 '설문조사(survey)' 테크닉이 있다. 걱정이 되는 상황을 해결하기 위해 다른 사람들은 어떤 방법을 써봤는지, 혹은 나에게 어떤 조언을 해줄지 주변 사람들에게 물어보는 것이다. 그들 가운데 "계속 지금처럼 걱정하는 것이 좋겠다"라고 말할 사람이 있겠는가?

문제를 해결하기 위해서는 우선 지금 상황에서 문제가 되고 있는 것이 무엇인지 찾아내야 한다. 그다음에는 이 문제를 해결하기 위한 방법을 최대한 많이 생각해내 리스트를 적어본다. 그리고 그중 가장 적합한 최선의 방법을 골라 실행에 옮긴다.

미래를 예측하고 준비하는 자세는 우리에게 반드시 필요할 뿐 아니라 더 나은 미래를 설계하는 데도 도움이 된다. 하지만 무조건 부정적인 미래의 가설을 세워놓고 끝없는 걱정과 불안에 휩싸여 지내는 것은 우리에게 아무런 도움도 되지 않고 의미도 없는 일이다.

걱정을 사서 하는 대신 좀 더 긍정적인 사고로 실질적인 해결책을 찾아, 존재하지도 않는 암울한 미래에서 헤매고 있는 나 자신을 구출해와야 한다. 그래야 앞으로 다가올 미래에 제대로 대처할 수 있을 것이다.

"일어나지 않은 일을
굳이 머릿속에 떠올리는 가상체험은
아무런 도움이 되지 않아.
가상의 타임머신에서 내려와서
현재 '지금 이 순간'에 집중해."

의식적으로 생각을 멈추는 기술

이게 끝이라는 생각이 들 때

CHAPTER 31

우리나라가 몇 년째 전 세계 OECD 국가 중 자살률 1위의 불명예를 벗어나지 못하고 있다는 사실은 이미 널리 알려져 있다. 며칠에 한 번씩 자살 관련 기사를 읽을 때마다 삶의 고통이 얼마나 크게 짓누르기에 스스로 생명을 끊는 극단적인 행동을 하는 걸까 하는 마음에 무척 안타깝다.

그런데 기사를 읽다 보면 객관적으로 봤을 때 전혀 죽을 일이 아니고 얼마든지 해결할 수 있는 일인데도 자살로 생을 마감한 사람들이 적지 않다.

우리는 어느 누구도 완벽하지 않은 인간이기에 살아가면서 수없이 많은 크고 작은 실수를 저지른다. 우리가 하는 실수는 항상 그에 따른 결과를 가져오며 종종 위기 상황을 불러오기도 한다. 그중에는 문제 해결이 비교적 쉬운 경우도 있지만 어디에서부터 뭘 어떻게 해야 할지 판단이 잘 서지 않는 경우도 있다.

위기 상황이 닥칠 때 많은 사람들은 자신이 저지른 실수나 처한 상황을 객관적으로 바라보지 못하고 확대해석을 하거나 파국적인 시각을 가진다.

'큰일났다' '완전히 망했어' '난 이제 끝이야'와 같이 모든 것을 단념하게 하는 생각을 하는 것이다. 이렇게 상황을 실제보다도 더 크게 부풀려 해석해 파국적인 상황으로 몰고 가려는 사고 패턴을 가리켜 '파국화(catastrophizing)' 또는 '비극화(awfulizing)'라고 일컫는다.

이런 왜곡된 시각에 사로잡히면 '내가 할 수 있는 일은 아무것도 없다'는 생각으로 자포자기하거나 공황 상태가 되어 정작 문제 해결을 위한 행동은 아무것도 하지 않게 된다.

위기에 대처하는 두 부류의 사람들

·· 매 학기 학생들을 가르치다 보면 위기 대처 능력에 따라 학생들을 대개 두 부류로 나눌 수 있다. 첫 번째 부류는 성적이 좋지 않을 때 어떻게 하면 지금보다 더 발전해 성적을 올릴 수 있을지 문제를 해결하려고 끊임없이 노력하는 학생이다. 두 번째 부류는 성적이 좋지 않으면 마치 세상이 다 끝난 것처럼 좌절해버리는 학생이다.

지난 학기에 마지막 강의를 마치고 나오는데, 한 학생이 내 앞으로 황급히 뛰어오더니 심각한 표정으로 이렇게 말했다.

"교수님, 제가 써낸 페이퍼 과제는 저의 인생 전체나 마찬가지예요. 그러니까 점수를 매길 때 신중하게 '잘' 읽어주셔야 해요. 이번에 A를 못 받으면 장학금을 놓치게 되고 그러면 제 인생은 끝이니까요."

자신의 인생을 걸 만큼 과제의 중요성을 과대 포장한 그 학생의 말이 내게는 무조건 점수를 잘 줘야 한다는 반협박처럼 들렸지만 나는 최대한 차분하게 대답했다.

"그래, 네가 이번 과제에 큰 부담을 느끼고 있구나. 하지만 너도 알다시피 이건 네 인생 전체를 걸 만큼 대단한 게 아니야. 단지 네 인생에서 아주 극도로 작은 일부분 중 하나일 뿐이지. 네가 이번 과제를 얼마나 중요하게 여기는지는 잘 알겠다. 내가 신중하고 공정하게 점수를 매길 테니까 그렇게 미리 걱정하지 마."

아마 그 시점에서 그 학생의 주관적인 관점에서는 페이퍼를 잘 써서 좋은 점수를 받는 게 인생 전체를 걸 만큼 중요하게 느껴졌을 수도 있다. 하지만 그 페이퍼의 비중은 전체 성적의 10분의 1밖에 되지 않는, 설령 낮은 점수를 받더라도 성적에는 그다지 큰 영향을 끼치지 않는 과제였다.

게다가 장학금을 못 받는다고 해도 그 학생의 인생이 끝나는 것은 아니다. 자신의 인생을 걸었다는 그 과제물은 아마 몇 년만 지나면 기억 속에서 사라질 것이다.

이처럼 일상에서 파국적 해석을 빈번히 할 경우 현실을 있는 그대로 보지 않고 왜곡하게 되기 때문에 정신적 불안과 우울을 가져오며, 때로는 극단적 행동을 서슴지 않게 될 수도 있다.

우리가 뉴스에서 간혹 접하게 되는 가장 극단적인 예를 들자면 어떤 사건 사고에 연루되어 조사를 받던 사람이 극단적인 선택을 해 목숨을 끊는다거나, 정작 가벼운 처벌로 끝날 수 있는 일인데도 해외로 도피해 상황을 더 악화시키는 경우가 이에 해당한다.

잘못된 일에 책임을 지고 죗값을 치르는 해결 방법이 있는데도 파국적인 시각으로 '이제 모든 것이 끝'이라는 자포자기 상태가 되어 그릇된 선택을 하는 것이다.

혹은 억울함을 호소하며 자신의 무죄를 입증하려고 극단적인 선택을 하는 것 또한 마찬가지로 '내 무죄를 입증할 길은 이것뿐이다'라는 파국적 시각이 그 원인이다.

자신의 실수나 암담하고 심각한 상황에 대해 지나치게 파국적으로만 해석하면 '이건 수습할 방법이 전혀 없다. 난 이제 끝이다'라는 생각에 올바른 판단력을 상실하고 잘못된 행동을 선택할 수 있다.

앞의 사례는 너무 극단적인 상황이라 언뜻 공감하기 어려울 수도 있지만, 우리가 일상에서 겪게 되는 위기 상황에 대한 대처도 이와 크게 다르지 않다.

광고회사에 다니는 P씨는 자신의 커리어에서 매우 중요한 광고 프레젠테이션을 앞두고 잠을 설칠 정도로 심각한 불안을 겪고 있었다. 평소에 PT 경험이 많았지만 너무나 큰 프로젝트라는 부담감이 문제였다.

그는 '긴장해서 준비한 내용을 다 잊어버릴지도 몰라' '내 실수로 이번 프로젝트를 날려버리면 완전히 망하는 거야' '이번에 잘하지 못하면 내 커리어는 여기서 끝이야' 등 끝도 없이 부정적인 생각을 떠올리며 불면증에 시달리다가 결국 일상생활을 정상적으로 하지 못할 만큼 심각한 불안 증상을 보였다.

30대 여성인 Q씨는 순간적인 감정으로 업무의 부당함을 따지는 내용의 이메일을 직장 상사에게 보냈다. 하지만 그녀는 클릭 버튼을 누르는 순간 자신의 성급함을 후회했고 그 즉시 패닉 상태에 빠졌다. 그녀는 '부장님이 내 이메일을 보면 분명 불같이 화를 내실 거야' '이 일로 회사에서 쫓겨날지도 몰라' '난 완전히 망했어'와 같은 파국적 생각에 휩싸였고, 두통과 가슴 답답함 등의 공황장애 증상을 겪었다.

사실 많은 사람들이 이런 불안과 두려움을 경험하지만, 정작 사람들은 자신만 그런 문제를 겪는다고 생각하기 쉽다. 불안함을 느낄 때는 바로 직전에 불안함을 일으키는 부정적인 생각을 했기 때문이다.

'내 커리어는 이제 끝이야' '완전히 망했어' '사람들이 날 볼 때마다 비웃겠지' 등과 같이 파국으로 치닫는 생각을 하며 부정적인 메시지를 스스로에게 전달하게 되면, 우리의 감정도 그 영향을 받아 점점 불안하고 두려워지기 마련이다.

·· 다행스러운 점은 부정적인 생각을 머릿속에 주입한 사람이 바로 자신이기 때문에 이를 거둬들일 능력 또한 자신에게 있다는 사실이다.

앞의 사례처럼 유독 자신에게만 혹독한 비판을 하는 이중적 성향을 가진 사람들은 '이중 기준(double standard)' 테크닉을 사용하면 도움이 된다. 만약 내 친구가 나와 같은 상황이라면 나는 그에게 어떤 말을 해줄지 스스로에게 물어보는 것이다. 위기 상황에서 힘들어하는 친구에게 파국적인 메시지만 전달하며 '세상이 끝났다'고 겁을 주기보다는 긍정적인 말로 용기를 주듯 나 자신에게도 그렇게 대하는 것이다.

'괜찮아. 일생일대의 발표를 앞두고 긴장 안 할 사람은 없어'
'처음에는 좀 두렵지만 막상 해보면 괜찮을 거야. 실수 좀 해도 돼'
'괜찮아. 부장님이 오히려 내 의견에 귀 기울여주실 수도 있어'
'나뿐만 아니라 동료들을 위해 용기 있게 잘한 일이야'.

누구나 꾸준히 노력하면 내가 나에게 긍정적인 말로 용기를 북돋워주는 '베스트 프렌드'가 될 수 있다.

불안을 다스리는 또 다른 방법으로는 '베란다에서 내려다보기(looking at it from the balcony)' 테크닉이 있다. 지금 바로 내 코 앞에서 일어나고 있는 상황을 그 속에서 직접 겪을 때는 제대로 판단하기가 어려울 수밖에 없다. 따라서 그 상황에서 거리를 두고 조금 떨어져 객관적인 시각으로 바라보는 것이 도움이 된다.

눈을 감고 지금 이 상황을 제3자가 되어 멀리 베란다 위에서 내려다보고 있다고 가정해보자. 지금 무엇이 보이는가? 그 상황을 보며 어떤 생각이 드는가?

이때 주의할 점이 있다. 마치 연극을 하듯이 그 상황 속 배우가 되려 하거나, 상황 속에 존재하는 다른 사람들의 성격이나 숨은 의도 등을 혼자 미루어 짐작하려 해서는 안 된다. 그 대신 멀리서 바라봤을 때 겉으로 보이는 모습과 행동만 묘사하도록 노력해본다.

나는 P씨에게 눈을 감고 자신의 첫 프레젠테이션 장면을 상상한 뒤 베란다에서 내려다보듯 그 현장을 가만히 지켜보라고 했다.

그다음 둥근 테이블에 여러 청중이 둘러앉은 상황에서 발표자에게 어떤 일이 일어나고 있는지 그 장면을 묘사해보라고 권유했다.

P씨는 발표자가 조금 긴장한 듯 보이고 약간의 실수를 하긴 했지만, 청중들은 별다른 반응을 보이지 않았다고 했다. 발표를 마친 뒤에는 회사 선배가 발표자에게 다가와 "멋지게 잘했다"고 칭찬하는 모습도 떠올렸다.

나는 P씨에게 지금 그가 묘사한 이 이미지를 그대로 머릿속에 담아두라고 말했다. 아울러 예전의 부담스럽고 두려운 이미지 대신 이 새로운 이미지를 떠올리며 'PT는 PT일 뿐, 예전의 경험과 크게 다를 것 없다'와 같은 긍정적인 생각을 반복해 연습하도록 했다.

이처럼 P씨는 '베란다에서 내려다보기'와 '이중 기준' 테크닉을 함께 사용해 불안한 마음을 극복할 수 있었다.

같은 상황이라도 거리를 두고 제3자의 시점에서 자신의 상황을 바라보면 감정이 배제되어 좀 더 객관적인 눈으로 상황을 볼 수 있다. 파국으로 치달을 만큼 큰일이라고 생각했던 일이 객관적인 시각으로 보면 사실은 그렇게까지 심각한 일이 아닐 수도 있다.

설령 심각한 상황에 처해 있다고 하더라도 좀 더 객관적이고 냉정한 시각으로 문제를 파악하고 해결할 수 있다. 이 세상에는 나보다 더 어렵고 고통스러운 상황을 극복한 사람이 있다는 사실을 잊지 말고 용기를 가져야 한다.

파국적 사고 패턴을 가진 사람들은 대개 가장 비극적이고 부정적인 결과를 상상하기 때문에 머릿속으로 최악의 장면을 계속 떠올리기 마련이다. 자신이 해고되어 실직자가 된 모습을 머릿속으로 떠올리며 괴로워하거나, 직장에서 사람들에게 웃음거리가 되다가 결국 쫓겨나는 상상을 하는 식이다. 따라서 이런 부정적이고 파국적인 이미지를 대체할 수 있는, 다른 긍정적인 이미지를 떠올리는 것이 도움이 된다.

머릿속 이미지를 바꾸는 또 다른 방법인 '시각화(visualization)' 테크닉은 우리가 두려워하는 공상 속 이미지에 일방적으로 압도당하는 것이 아니라 적극적으로 개입해 컨트롤할 수 있도록 해준다.

머릿속에 파국적인 상황이 떠오르면 다른 평온한 이미지를 상상해보자. 따뜻한 햇볕 아래 하얀 파도가 '쏴아' 하고 밀려오는 바닷가에 누워 있는 모습을 떠올릴 수도 있고, 매미 소리나 새소리가 들리는 산속에 자리 잡은 아담한 오두막 앞에서 차가운 냇물에 발을 담그고 앉아 있는 상상을 할 수도 있다. 어떤 이미지든 상관없이 마음을 평온하게 해줄 나만의 평화로운 이미지를 떠올리는 것이다. 눈을 감고 그 이미지를 떠올리면서 천천히 숨쉬기를 반복해본다.

이때 '나에게는 날 소중히 여기는 가족과 친구들이 있어' '이 일도 언젠가는 다 지나갈 거야'와 같이 마음속으로 안정을 가져다줄 말을 여러 번 되뇌는 것이 좋다.

불안함을 느낄 때는 그 감정에 휩싸여 제대로 된 사고와 판단을 할 수 없다. 내가 나 자신에게 어떤 말을 하고 내 머릿속에 어떤 이미지를 떠올리느냐에 따라 이 세상은 한순간에 영원히 헤어나올 수 없는 지옥이 될 수도, 아니면 용기 내어 살아볼 만한 곳이 될 수도 있다. 무릇 하늘이 무너져도 솟아날 구멍은 있는 법이다.

"이게 끝이구나 생각이 들 땐
단 한 명의 사람에게라도
너의 모든 게 왜 끝났는지 설명을 해봐."

PART SIX

뒤돌아보며 울고 있는 나를 위해

누구에겐 지나가는 바람이지만

CHAPTER 32

　우리는 종종 '우울하다'라는 표현을 쓴다. 하는 일이 잘 풀리지 않고 예상했던 일이 뜻대로 되지 않거나 어려운 난관에 부딪혔을 때 기분이 저하되고 불행하게 느껴지는 것을 가리켜 우울하다고 표현한다.

　사람은 누구나 살면서 우울함을 느낀다. 항상 행복하고 즐거운 기분만 느끼는 사람은 없기 때문에 누구나 기분이 좋을 때가 있는가 하면 또 우울할 때도 있는 것이 정상이다. 힘든 일이 있을 때 우울함을 느끼는 것은 지극히 당연한 일이며, 만약 힘들고 괴로운 일이 있는데 마냥 행복하다면 그게 도리어 비정상일 것이다.

　이렇듯 누구나 살면서 때때로 우울한 감정을 느끼지만 정상적인 우울함과 질병으로서 우울증에는 차이가 있다. 정상적인 경우 시간

이 지나거나 우울함의 원인이었던 상황이나 문제가 해결되면 우울
감도 사라진다. 혹은 친구들과 수다를 떨며 기분 전환을 하거나 숙
면을 취하면 기분이 호전되고 정상 수준으로 돌아온다.

질병으로서의 우울증 진단 체크리스트

하지만 다음 증상 중 다섯 개 이상의 증상이 2주 이상 지속되면
질병으로서 우울증을 의심해볼 수 있다.

— 우울감이 2주 이상 거의 매일 지속됨
— 평소에 관심이 있거나 즐기던 일에 흥미를 느끼지 못하고 의욕이
  떨어짐
— 식욕이나 체중이 감소하거나 증가함
— 거의 매일 불면증에 시달리거나 지나치게 잠을 많이 잠
— 불안하고 초조해하거나 행동이 느려지고 말수가 적어짐
— 거의 매일 피곤함을 느끼거나 에너지가 저하됨
— 무가치함, 무력감, 절망감 혹은 부적절한 죄책감을 느낌
— 집중력이 떨어지거나 결정을 잘 내리지 못함
— 반복적으로 자살에 대한 생각을 함

우울증은 심리적, 유전적, 환경적 요인 등 여러 요인이 영향을 끼

쳤을 때 발병할 수 있는 매우 복잡한 질병이다. 특히 외부 환경에서 오는 스트레스가 원인일 경우 '반응성 우울증(reactive depression)'이라고 한다. 연인 또는 배우자와의 사별, 부부 갈등, 이혼, 실연, 실직, 은퇴, 심각한 질병이나 신체장애, 생활고 등과 같은 외부 스트레스에 대한 반응으로 우울증이 생기는 것인데 우리 일상에서 매우 흔하게 유발된다. 반응성 우울증은 비슷한 시기에 한꺼번에 여러 가지 환경적 스트레스를 겪을 경우에 유발되기 쉽다. 예를 들어 실직과 동시에 심각한 질병에 걸리거나, 생활고에 시달리는 사람이 부부 갈등으로 이혼까지 겪는다면 우울증에 걸릴 위험성이 훨씬 더 커진다.

우울증은 대개 열 명 가운데 한 명이 걸릴 정도로 발병률이 높은 질병으로 남자보다는 여자가 걸릴 확률이 두 배가량 더 높다. 40~50대 성인의 발병률이 가장 높지만 최근 들어 청소년과 노인층의 발병률도 점점 높아지고 있다.

많은 사람들이 우울증을 가리켜 '마음의 감기'라고 표현하지만, 더 정확하게 말하면 뇌에 문제가 생겨 발생하는 일종의 뇌질환이다. 단지 겉으로 드러나는 증상이 정신적, 심리적일 뿐 단순히 마음이 여리거나 의지가 약해서, 혹은 정신에 이상이 있어서 생기는 것이 아니다. 심장병이나 당뇨병 같은 여느 신체 질환처럼 우울증 역시 우리 몸의 일부분인 뇌에 이상이 생겨 발병하는 질환이다.

이처럼 우울증은 우리 뇌에서 분비되는 화학물질이나 호르몬 이상과 밀접한 연관이 있는데, 특히 수면, 식욕, 기분과 감정 등을 조절하는 신경전달물질인 세로토닌의 분비가 줄어들면 불면증과 식욕 저하, 우울감 같은 우울 증상이 나타나면서 자살 위험도 높아진다.

우울증과 연관이 있는 또 다른 화학물질인 도파민은 행동에 영향을 주어 동기부여를 하게 하고 현실감각을 갖게 한다. 도파민이 원활히 분비되는 정상적인 사람은 현실적인 삶의 태도를 갖고 열정적으로 스스로에게 동기부여를 하며 기분 좋게 아침을 시작할 수 있다. 그러나 도파민 분비가 떨어지면 아무런 의욕이 없어 아침에 일어나는 것조차 무척 힘들며 왜곡된 생각에 빠지기도 한다.

이와 같이 우리 두뇌의 신경전달물질 이상이 우울증의 발병 요인 중 하나이기 때문에 항우울제 치료를 하면 화학물질의 불균형을 잡아주어 우울증에서 회복할 수 있다. 물론 우울증 증세가 있다고 해서 무조건 약물 치료를 받아야 하는 것은 아니다.

증세가 심하지 않은 우울증의 경우 심리 상담을 하거나 생활 습관을 바꾸는 것으로도 얼마든지 치료가 가능하다.

때로 긍정적인 우울감도 있다?

························· 우울감에 빠지면 의욕이 없어져 아무것도 하기 싫어지고 생각 또한 많아져 빨리 벗어나고 싶지만, 최근 들어 우울이 무조건 부정적인 감정만은 아니라는 흥미로운 해석이 나오고 있다.

미국의 정신과 의사인 앤디 톰슨과 진화 심리학자인 폴 앤드루

박사는 2009년 공동 저자로 발표한 논문에서 우울 또는 우울증이 우리에게 주는 좋은 점이 있다고 주장해 학계에 적지 않은 파장을 일으켰다.

톰슨과 앤드루의 이론에 따르면 사람은 우울함을 느낄 때 대개 자신이 처한 힘든 상황이나 불행의 원인인 문제를 머릿속으로 계속 곱씹어 반복적으로 같은 생각에 잠기게 된다.

이렇게 자신의 기억에 의존해 한 가지 생각에만 계속 집중하다 보면 처음에는 큰 문제일지라도 점점 여러 개의 작은 문제로 분해하고 세세하게 분석해 심사숙고하게 되는데, 이런 사고 패턴이 통찰력과 문제 해결 능력을 키워준다는 것이다.

즉, 아플 때 감염에 대한 방어 작용으로 우리 몸이 열을 내듯 고통스럽고 힘든 문제에 맞닥뜨렸을 때 이를 이겨내기 위해 우울함을 느낀다는 것이다. 아울러 톰슨과 앤드루는 "만약 인간이 우울함을 느끼지 못한다면 스트레스나 어떤 문제에 맞닥뜨렸을 때 이를 곱씹어 반복 생각하며 심사숙고하지 않게 되어 문제 상황을 해결하지 못할 것"이라며 우울에 대한 새로운 시각을 펼쳤다.

그러자 학자들 사이에서 찬반논쟁이 벌어졌다. 한쪽은 "우울의 재해석으로 매우 중요한 첫 발걸음이다"라고 극찬한 반면, 또 다른 한쪽은 "우울을 낭만적으로만 묘사했을 뿐 정작 우울이 끼치는 부정적 영향을 무시했다"라는 의견을 보였다.

이 두 파의 학자들 가운데 어느 쪽 의견이 더 옳은지는 앞으로 더 많은 연구가 필요하겠지만, 만약 우울이 두 학자의 주장처럼 긍정적인 영향을 조금이라도 준다면 우울함을 느낄 때 이 감정을 우리에게 좀 더 유리하게 활용할 수 있지 않을까.

철학, 문학, 예술 등의 분야에서 뛰어난 업적을 남긴 사람들은 대개 우울한 기질을 지녔기 때문에 도리어 후세에 길이 남을 만큼 훌륭한 작품을 만들 수 있었다는 주장도 있다. 실연의 아픔으로 깊은 우울감을 진하게 경험한 작곡가나 가수들이 대중의 마음을 움직이는 명곡을 탄생시킨다는 속설도 이미 잘 알려져 있다.

살면서 우울함을 느끼지 않고 살 수는 없다. 그렇다면 우울이라는 감정을 막연하게 두려워하거나 회피하기보다는 어떻게 하면 이 힘든 감정을 좀 더 바르게 인식하고 받아들여 생산적으로 잘 다룰 수 있을지를 고민하는 게 더 효과적일 것이다.

"자리에서 일어날 힘도 없을 땐
누군가에게 일으켜 달라고 도움을 청해."

한 발자국 내딛는 일도 힘겹고 두려울 때

상담을 받으러 오는 사람들 중에는 상담 치료와 더불어 약물 치료를 병행하는 경우가 많다. 상담 치료만으로는 효과를 보기 어렵고 약물 치료가 필요하다고 판단되면 정신건강의학 전문의와 협력 치료를 한다. 우리 두뇌의 신경전달물질 이상으로 화학적 불균형이 생겨 정신 건강에 적신호가 오는 경우에는 증상을 완화하는 약물 치료로 다시 정상적인 생활을 할 수 있도록 돕는다.

우울증은 일종의 뇌질환이므로 정확한 진단을 받기까지 어느 정도 시간이 걸릴 수 있다. 또한 약물 치료를 병행할 경우 자신에게 적합한 약을 찾는 데 세심한 주의를 기울여야 한다. 사람마다 체질과 증상, 병력 등에 따라 각기 다른 약이나 복용량을 처방받는데, 어떤 사람은 다행히 첫 번째 처방받은 약과 용량이 잘 맞는가 하면 또 어떤 사람은 자신에게 잘 맞는 약을 찾기까지 시간이 걸리기도 한다.

그런데 우울증을 앓는 사람들이 약을 처음 복용하고 효과를 보기 시작할 때 주로 보이는 반응이 있다. 항상 자신의 머릿속을 답답하게 꽉 누르고 있던 무거운 무언가가 마치 안개가 걷히듯 싹 사라진 듯한 느낌이 든다는 것이다. 이는 약물이 두뇌의 화학 불균형을 바로잡는 화학반응을 처음으로 경험하면서 느끼는 반응이다. 약을 복용한 사람들 중에는 난생처음으로 행복한 기분을 느꼈다고 말하는 이들도 적지 않았다.

물론 약물 치료만으로 하루아침에 안개가 걷히듯 모든 문제가 완벽하게 사라지고 정상적인 생활을 하게 되는 것은 아니다.

다만 클라이언트들의 이런 반응을 대할 때마다 우울감에 휩싸여 매 순간 살아간다는 것이 얼마나 정신적으로 힘든 일일지 다시 한 번 생각해보게 된다.

어두운 색안경을 끼고 세상을 살아간다는 것은

전문가들은 우울증을 앓는 사람들이 세상을 바라보는 시각을 종종 색안경에 비유한다. 앞이 잘 보이지 않을 만큼 짙은 색깔의 어두운 색안경을 온종일 끼고 있다고 상상해보자. 아마도 세상은 온통 어둠에 묻힌 듯 잘 보이지 않아 한 치 앞도 가늠하기 어려울지 모른다. 눈에 보이는 것들이 하나도 명확하지 않으니 마음이 답답하고 불안하며 한 발자국 앞으로 내딛는 것마저 두렵고 힘이 들 것이다.

이렇게 두려움과 불안함으로 왜곡된 사고 패턴이 계속해서 반복되다 보면 색안경은 점점 더 그 색깔이 짙어지고, 세상을 바라보는 시야 또한 점점 더 좁아지며, 우울감도 그에 비례해 점점 더 증폭될 수밖에 없다.

그런데 이런 어두운 색안경을 끼고 세상을 바라보는 사람이 자신이 왜곡된 안경을 쓰고 있다는 것을 스스로 자각하고 벗어버리려는 결심을 하기란 생각보다 쉽지 않다. 왜냐하면 앞이 보이지 않을 정도로 짙은 색안경을 쓰고 있는 상태에서 정작 자신이 처한 상황에 대해 문제를 파악하고 미래에 대한 현실적인 계획을 세우기란 어렵기 때문이다.

누구나 실질적인 해답이 당장 눈앞에 보이지 않으면 머릿속에서는 아무런 희망이 없는, 암울한 미래만 떠올려지기 쉽다. 그리고 세상을 계속 부정적으로만 바라보게 되면 현실에 맞는 이성적인 판단을 내리기도 어려워진다. 결국은 판단력을 잃고 극단적인 행동까지 실행에 옮기게 될 수도 있다.

우울증을 앓는 사람들을 상담해야 하는 직업 특성상 정신건강의학 전문의나 심리 상담가들에게 클라이언트의 자살은 어쩌면 어느 때인가는 어쩔 수 없이 겪어야 하는 비극인지도 모른다.

나와 함께 상담가로 일하던 동료도 우울증 증상이 호전되고 있던 자신의 클라이언트가 자살했다는 소식을 듣고 큰 충격을 받았다. 아침에 침대에서 일어나지도 못하고 종일 누워서 지낼 정도로 심각한 우울증을 앓던 클라이언트는 치료를 받으며 증세가 조금씩 호전되고 있었다. 그러던 중 잠깐 치료를 멈추고 여름휴가를 떠나게 되었는데, 그때 자신의 극단적인 생각을 실행에 옮기고 말았다. 그는 휴가를 떠나기 며칠 전 자신이 소중하게 여기던 물건을 가족과 친구들에게 나눠주는가 하면, 오랫동안 연락을 주고받지 않았던 지인들에게 갑작스럽게 연락해 마치 다시는 못 볼 것처럼 작별 인사를 했다.

이처럼 우울증은 심각할 경우 죽음에 이를 정도로 무서운 질병이지만, 그렇다고 해서 우울증을 앓는 모든 사람이 다 자살을 생각하는 것은 아니다. 극단적인 생각을 할 정도로 심각한 우울증을 앓는 사람들은 사실 역설적이게도 죽고 싶어 하지 않는다.

그들은 단순히 죽음을 원하는 것이 아니라 다만 어떻게든 지금 자신이 겪고 있는 이 고통을 멈추고 싶은 마음이 간절할 뿐이다. 그렇기 때문에 극단적인 행동을 하기 직전까지도 '살고 싶다'는 마음과 '고통에서 벗어나고 싶다'는 마음 사이에서 갈팡질팡하며 혼란을 느낀다.

극심한 혼란과 견딜 수 없을 만큼 큰 고통을 겪고 있는 이들이 이성적인 판단으로 혼자 해결 방법을 생각해내기란 불가능한 일이다. 현실에서 겪는 고통이 너무 심한 탓에 이 고통에서 벗어날 방법은 오직 죽음밖에 없다는 왜곡된 생각에 다다르지만, 그 생각은 잠시 스쳐 지나갈 뿐 영원히 지속되지는 않는다.

따라서 이때 누군가가 관심을 보이고 도움의 손길을 뻗어주어 적절한 치료를 받도록 한다면 한 사람의 귀중한 목숨을 구할 수 있다.

만약 주변에 반복적으로 우울감을 호소하거나 '죽고 싶다'는 말을 하는 사람이 있다면 적극적으로 관심을 기울여보자. "요즘 네가 평소와는 좀 달라 보여서 걱정돼" "요즘 다른 때보다 더 힘들어하는 것 같은데 괜찮아?"와 같이 걱정해주는 말이 우울증으로 앞이 보이지 않는 사람들에게 희망을 주는 말이 될 수 있다. 그리고 상대방이 고통을 호소하면 우선 묵묵히 듣고 난 뒤 함께 전문적인 도움을 청하도록 한다.

"요즘 세상에 힘들지 않은 사람이 어디 있어" "이 세상에는 너보다 더 힘들게 사는 사람이 훨씬 많아" "뭘 그런 거 갖고 그렇게 힘들어해" "힘들수록 약해지지 말고 강해져야지" "긍정적으로 생각하고 힘내"와 같이 섣부른 조언을 하거나 문제 해결법을 알려주고 생각을 바꾸려 하는 것은 도움이 되지 않는다.

중요한 것은 상대방이 처한 상황이 객관적으로 얼마나 심각하냐가 아니라 당사자의 주관적인 시각에서 얼마나 큰 고통으로 느껴지고 있느냐다. 따라서 다른 사람이 보기에는 그리 심각해 보이지 않는 일이라도 당사자가 느끼기에는 감당할 수 없는 큰 고통으로 여겨질 수 있다.

이런 상황에서는 "네가 얼마나 힘들지 내가 다 이해할 수는 없겠지만 난 네가 걱정돼서 도움을 받으면 좋겠어"라거나 "지금은 죽고 싶을 만큼 힘들겠지만 그런 생각은 지금 잠깐 들 뿐이야. 네 주변에는 널 아끼고 사랑하는 사람이 많아. 도움을 받으면 나아질 수 있어"라는 말로 상대방을 걱정한다는 마음을 전해주어 혼자가 아님을 깨닫도록 하는 게 좋다.

다만 탈출구가 눈에 보이지 않을 뿐이다

우울감은 장기간 지속될 경우 혼자서는 빠져나오지 못할 정도로 깊은 절망감을 가져오게 되고, 한번 이런 절망의 늪에 빠지면 마치 이 세상에 나 혼자 내버려진 듯 무기력해진다. 물론 이 세상에는 실제로 너무나 견디기 힘들고 어려운 현실 속에서 사는 사람들이 많다는 것은 부정할 수 없다. 그러나 우리 사회에서 많은 사람들이 우울감에 빠져 조금의 희망이나 의욕도 없이 생활하고 왜곡된 사고의 반복을 거듭하며 판단력을 잃고 극단적으로 행동하는 것은 무척 안타까운 일이다.

당사자의 관점에서는 도저히 아무런 방법도 찾을 수 없는 최악의 상황에 있다고 생각할 수 있지만, 어떤 위기 상황에서라도 솟아날 구멍은 아주 조그맣게라도 항상 있기 마련이다. 다만 그 순간 세상을 어둡게만 보이게 만드는 색안경을 쓰고 있기에 탈출구가 눈에 보이지 않을 뿐이다. 사실은 자신이 처한 현실이 자신이 생각하는 것만큼 그렇게 심각하게 나쁘지 않을 수도 있다는 점을 깨달아야 한다.

설령 실제 자신이 처한 상황이 너무나 암울해 미래가 보이지 않는 상황이라 하더라도 자기 자신에게만 모든 책임의 화살을 돌리는 것은 피해야 한다.

우리 사회는 타인에게 도움을 청하는 일에 익숙하지 않아 많은 사람들이 마음이 괴롭고 힘들 때 그런 이야기를 하는 것 자체를 부끄러워하거나 상대에게 부담을 주기 싫어 숨기려 한다.

그러나 혼자 문제를 극복해야만 한다는 생각에 홀로 고군분투하다 보면 상황이 더욱 악화될 수 있다. 우울할 때는 일상적인 대화를 하는 것조차 힘들기 때문에 사람들과 어울리지 않고 혼자 고립된 생활을 하기 쉽다.

이렇게 혼자 시간을 많이 보낼수록 머릿속으로 부정적이고 왜곡된 생각을 끊임없이 반복하게 되기 때문에 우울함은 더욱 더 심해진다. 따라서 우울에서 벗어나기 위해서는 세상과 사람들에게 손을 뻗어 도움을 요청해야만 한다. 실제로 사람한테서 얻는 정서적 지지가 우울증을 극복하는 데 매우 중요하다는 연구 결과도 있다.

누구나 살아가면서 혼자 힘으로 감당할 수 없는 일이 비일비재하게 일어나기 마련이다. 때로는 혼자 해결할 수 없는 일이 있다는 점을 인정하고 누군가에게 도움을 청해야 한다. 가족이나 친구 등 나를 아끼는 사람들에게 어려움을 털어놓는 것만으로도 큰 힘을 얻을 수 있다.

우리 주위에는 힘들다는 이야기를 했을 때 진심으로 걱정하고 위로하며 언제든지 마다치 않고 귀를 기울여줄 사람들이 있을 것이다. 그러나 그중에는 기대했던 위로의 말 대신 도리어 상처가 되는 말을 하는 사람들도 있을지 모른다. 혹은 처음에는 위로해주던 사람들이 시간이 지나면서도 계속되는 나의 하소연에 지쳐 점점 나를 멀리할 수도 있다.

이처럼 사람마다 타인의 말을 들어줄 수 있는 한계가 다르기 때문에 끝없는 기대를 하지 않도록 해야 한다. 따라서 주변 사람들의 도움만 받는 것보다는 전문가의 도움을 함께 받는 것이 더 효율적이다. 사람은 혼자 살 수 없는 사회적 동물이므로 항상 사회 속에서 존재해야 한다. 나 혼자 해결할 수 없는 일이 있을 때는 사회적 도움을 받는 것이 당연하다.

안타깝게도 우리 사회에는 모든 문제의 원인을 개인의 잘못으로 여기는 분위기가 만연해 있다. 하지만 사실 우울증과 같은 정신 건강은 단순히 개인적인 문제로만 볼 수는 없으며 사회구조적인 차원으로 접근해야 한다.

힘든 일이나 도움이 필요한 일이 있을 때는 가족이나 가까운 지인에게 도움을 청하거나 전문가의 도움을 받는 등 주변에 최대한 알리는 것이 중요하다. 우리 사회에는 도움을 청하기 위해 손을 내밀면 그 손을 잡아줄 좋은 인연들이 아직은 많다고 믿어볼 필요가 있다. 주변의 작은 지지나 도움을 통해 어려움을 극복할 수 있다는 가능성을 열어두자.

"하늘이 무너져
솟아날 구멍이 보이지 않을 땐
구해달라 소리쳐.
목소리가 나오지 않아도
있는 힘껏 외쳐봐."

지나간 일에 내가 할 수 있는 일이란

대한민국 역사상 가장 가슴 아픈 사건 가운데 하나로 기록될 세월호 참사는 온 국민을 충격과 트라우마에 빠뜨렸다. 단 한 번의 기적이라도 일어나길 바랐던 우리 국민 모두의 염원은 결국 이루어지지 않았다.

우리는 슬픔, 분노, 침통, 허무함, 죄책감, 무기력감 등과 같은 감정으로 아픈 시간을 보내야 했다. 지금까지도 참사 원인에 대한 철저한 진상 규명은 이루어지지 않았고, 일부 실종자들은 아직도 차가운 바닷속에서 가족 품으로 돌아오지 못했다.

세월호 참사 당시 많은 사람들이 암울하고 어두운 뉴스를 보면서 그저 눈물만 주르르 흘리며 아무 일도 손에 잡히지 않는다는 일종의 집단 우울증을 겪었다.

당시 언론의 기사 타이틀조차 안타까운 상상을 부추기는 제목이 많았다. '세월호, 기본만 지켜졌더라면.' '퇴선 명령만 내렸더라면.' '승객들, 일찍 뛰어내렸더라면.' '사고 직전 이상 신호 알았더라면.' '구명보트만 잘 썼더라면.' '김영란법, 세월호 이전에 통과됐더라면'…….

나 역시 '단 몇 분이라도 일찍 대피하라는 방송을 했더라면……'이라는 가정을 수없이 되풀이하며 마음이 안타깝고 괴로웠다. 아무것도 할 수 없다는 현실 때문에 끝없는 무기력감에 빠져들기도 했다. 침몰하는 배 안에서 어린 학생들이 느꼈을 불안과 두려움, 공포가 어땠을지를 상상하는 것만으로도 너무 큰 고통과 슬픔에 사로잡혀 눈물이 났다.

'~했더라면'이라는 생각을 수없이 되풀이하며 무기력감과 우울감, 분노에 휩싸여 지내던 내가 할 수 있는 일이라곤 해외 학자들의 세월호 참사 성명 발표에 동참하는 것뿐이었다.

물론 이런 문제 제기 과정을 통해 과거의 잘못된 병폐와 문제점을 찾아내 고쳐나가는 것은 분명 필요한 일이다.

하지만 이미 일어나버린 이 비극적 참사 앞에서 다시 과거로 돌아갈 수는 없다. 심리 상담가라는 직업 특성상 '~했더라면'이라는 가정을 머릿속에서 수없이 되풀이한들 분노와 죄책감, 무기력감만 늘어날 뿐이란 걸 누구보다도 잘 알고 있었다.

그럼에도 나 역시 이와 같은 사고 패턴에서 빠져나오기까지 꽤 오랜 시간이 걸려야 했다.

.... 우리는 살면서 끊임없이 선택을 하고 결정을 한다. 인생의 갈림길에서 어떤 선택을 하고 어떤 결정을 하느냐에 따라 우리 인생도 달라진다. 우리는 누구나 완벽하지 않은 인간이기 때문에 때로는 잘못된 선택을 하고 후회할 결정을 하기도 한다.

그렇기에 때로는 우리가 했던 과거의 실수나 잘못을 되돌아보고 되짚어보는 것이 도움이 되기도 한다.

하지만 반복적으로 계속해서 과거의 일을 머릿속으로 되새김질하는 '만약 그랬더라면(only if)' 사고 패턴은 그 생각 자체를 멈추지 못하게 하는 정신적 피폐를 가져온다. 과거에 내가 '했어야만 했던' 것들을 계속 상상함으로써 결국 그렇게 '하지 못한' 현실에 대해 나 스스로를 고문하는 것이나 다름없기 때문이다.

우리는 불안하거나 죄책감을 느낄 때 이런 감정에서 벗어나기 위해 공상을 한다.

'그때 연인과 헤어지지 않았더라면 난 지금보다 더 행복했을 텐데.' '그때 그 사람과 결혼했더라면 난 지금보다 더 잘 살고 있었을 텐데.' '그때 그 직장에 계속 있었더라면 난 지금보다 돈을 더 많이 벌었을 텐데.' '그때 그 사업을 했더라면 지금쯤 부자가 되어 있었을 텐데.' '그때 그 말을 하지 않았더라면 이렇게 후회하지 않았을 텐데'.

이런 '~했더라면'의 가정은 자신이 지금 느끼고 있는 불편한 감정, 즉 나 자신이 불행하게 느껴지거나 죄책감이나 후회 등의 감정이 밀려올 때, 현재 상황에서 이를 스스로 감당해내기 어려울 때 하게 된다. 과거로 회피해 해결책을 찾으려는 심리에서 비롯되는데, 과거에 그렇게 '했더라면' 지금 자신이 겪고 있는 문제가 '모두 다 해결됐을 것'이라고 믿고 싶은 것이다.

이렇듯 우리가 과거의 기억을 붙잡고 있는 이유는 감당할 수 없는 지금의 현실보다는 내가 머릿속에서 상상하는 공상이 그나마 마음을 더 편안하게 해주기 때문이다.

현재 자신이 처한 상황이 감당 안 될 만큼 힘들기 때문에 과거에 '했더라면' 지금 달라져 있을 자신의 상황과 위치를 상상함으로써 현재의 자기 모습을 부정하고 싶은 것이다. '나는 원래는 이렇게 힘든 모습으로 살아야 할 사람이 아니라 모든 일이 잘되어 성공했어야 할 사람이다'라는 자기 위안을 하고 싶은 것이다.

K씨는 오랫동안 다녔던 직장에서 해고당한 뒤 경제적 어려움을 겪으면서 심한 우울 증세를 보였다. 그는 반복적으로 "몇 년 전 기회가 있었을 때 사업을 했더라면 큰돈을 벌어 지금은 부자가 되어 있을 텐데"라고 말했고, 과거에 하지 못한 사업을 계속 곱씹어 생각했다. 상상 속에서 그는 큰돈을 벌어 성공한 사업가의 모습을 하고 있었다. 좋은 집에서 살며 고가의 자동차를 몰고 비싼 명품 옷을 걸친 상상 속 그의 모습은 우울증과는 거리가 먼, 자신 있고 당당한 모습이었다. 하지만 현실에 돌아와 마주해야 하는 자신의 모습은 그를 더욱 우울하게 했다.

이런 '~했더라면 ~했을 텐데'라는 상상은 큰 착각에 불과하다. 만약 그가 과거에 '사업을 했더라면'이라는 가정은 '모든 일이 순조로이 잘 풀려 예상했던 대로 큰돈을 벌고, 그 이후로도 계속해서 행복하게 잘 살았을 것'이라는 해피엔딩을 전제로 한다.

물론 그의 가정대로 성공했을 가능성도 있다. 그러나 사업을 하는 사람이 모두 성공해 큰돈을 버는 것도 아니고, 성공한 사업가라고 해서 모두 행복하게 사는 것도 아니며, 돈을 많이 번다고 해서 우울증에 걸리지 않는 것도 아니다.

K씨는 과거에 사업을 하느냐 하지 않느냐를 결정해야 했던 인생의 갈림길에서 결국은 사업을 하지 않는 쪽을 선택했다. 따라서 그가 만약 사업을 했더라면 지금과는 어떻게 다른 삶을 살았을지에 대해 지금으로서는 그 결과를 알아낼 방법이 전혀 없다.

40대 후반의 남성인 P씨는 공사 현장에서 추락하는 바람에 다리를 크게 다쳤다. 다행히 목숨은 건졌지만 사고 후유증으로 하루하루 힘든 시간을 보냈고, 매일 깊은 우울감에 빠져 지냈다.

상담 시간 대부분 동안 그는 아무 말 없이 멍하니 허공만 쳐다보며 앉아 있을 때가 많았다. 어쩌다 말을 꺼내더라도 날씨나 어제 본 TV 프로그램 이야기만 했다. 상담가가 아닌 어느 누구와도 할 수 있을 법한 안전한 대화 주제만 이야기하는 데 머문 것이다.

쉽사리 마음의 문을 열지 않는 그를 보면서 나는 그가 느끼고 있을 마음의 무게가 얼마나 클지 상상조차 할 수 없었다. 하지만 그가 조금이라도 더 마음의 벽을 낮추길 바라는 마음으로 묵묵히 그의 말을 경청했다.

그런 관계를 계속 이어가던 어느 날, 그는 상담실에 들어서자마자 이렇게 말했다.

"그날 평소처럼 장비 확인만 잘했더라면 사고를 피할 수 있었을 텐데……. 도대체 왜 그때 그렇게 조급한 마음이 들었는지……. 저는 평소에 단 한 번도 그런 적이 없었던 사람이거든요. 그날따라 이상하게 뭐에 홀렸던 것 같기도 하고……. 평소처럼만 행동했어도 지금쯤 멀쩡하게 잘 있었을 텐데요."

그가 마음의 문을 열고 처음으로 꺼낸 말은 사고 당일에 대한 후회의 말이었다. 하지만 그는 그 말을 입 밖으로 꺼내기까지 머릿속에서 수천 번, 수만 번 그 생각을 되풀이하며 힘든 시간을 보냈으리라.

심리학자인 아서 프리먼 박사는 '했더라면'과 같은 가정이 헛된 환상을 가져온다고 말한다. 사람들은 '만약 그렇게만 했더라면 미래를 미리 예측할 수 있었을 것이다'라고 믿고 싶어 한다는 것이다.

그의 말에 따르면 '그때 조금만 더 주의했더라면 사고를 피할 수 있었을 텐데'라는 생각 뒤에는 '나는 어떤 상황에서도 사고가 나지 않을 수 있는 능력을 완벽하게 갖추고 있다'는 자기 전능적 환상이 숨어 있다. 왜냐하면 사고란 자신이 아무리 주의한다고 해도 그와는 무관하게 얼마든지 일어날 수 있는 것이기 때문이다.

따라서 단지 그때 자신이 주의하지 않아서 사고가 났을 뿐, '완벽하게 주의했더라면 사고는 나지 않았을 것이다'라거나 '사고를 피할 수 있었을 것이다'라고 생각하는 것은 환상에 지나지 않는다.

'완벽 효과'에 대한 착각도 있다. '그때 그 직장에 계속 있었더라면 난 지금보다 돈을 더 많이 벌었을 텐데'라는 생각은 내가 만약과거로 돌아가 '딱 한 가지만' 바꿀 수 있다면 지금 내가 원하는 결과를 얻을 수 있었을 것이라는 착각을 동반한다. 그러나 과거에 일어난 일 가운데 한 가지를 바꿨을 때 그 외의 다른 요소가 어떤 변화를 가져올지는 아무도 모른다.

몇 년 전 우리나라 드라마 가운데 무척 재미있게 본 〈나인: 아홉 번의 시간여행〉에서는 이 완벽 효과에 대한 착각을 아주 잘 묘사했다. 줄거리는 이렇다. 뉴스 앵커인 남자 주인공 박선우는 히말라야 여행 도중 세상을 떠난 형이 남긴 유품인 향을 손에 넣게 되고, 그것이 20년 전 과거로 돌아가는 일종의 타임머신임을 알게 된다. 그는 과거에 있었던 사건을 되돌리기 위해 향을 이용한 시간여행을 한다.

하지만 그가 과거 속 단 하나의 요소를 바꿀 때마다 다른 것들이 함께 변화하면서 예상치 못한 소용돌이에 휩싸이게 된다.

과거의 일을 단 하나만 바꾼다고 해서 그 외 나머지 것들이 모두 그대로 똑같이 유지된다는 보장은 없다. 예를 들어 만약 과거에 직장을 옮기지 않고 계속 그 직장에 남아 있었더라면 어떤 사람을 만나 무슨 인연을 만들었을지 알 수 없다. 지금과는 다른 경험을 하며 더 힘든 인생을 살고 있을 수도 있고, 혹은 철천지 원수가 될 직장 상사를 만났을 수도 있다.

··· 이런 되새김질을 멈추기 위해서는 '그때 그랬더라면'이라는 생각이 떠오를 때 적극적으로 그 생각을 차단해야 한다. 앞에서 소개한 쳇바퀴 사고 패턴을 차단하기 위해 사용했던 고무 밴드나 스톱 사인 등 자신만의 독특한 신호를 만들어본다. 과거로 돌아가는 환상에 빠지려는 것을 멈추고 지금 현재와 앞으로의 미래에 대한 생각으로 전환해보자. 가장 중요한 것은 생각이 과거로 역행하지 않도록 멈추는 것이다. 생각을 막게 되면 환상과 현실을 비교하며 스트레스 모드로 바뀌는 것을 막아주어 기분이 나아질 것이다. 그리고 기분이 나아지면 인생을 좀 더 현실적으로 바라볼 수 있는 여유가 생긴다.

이렇게 생각을 차단한 다음, 앞서 소개했던 '손해와 이득 재보기' 테크닉을 사용해 과거에 했던 실수나 잘못에 대한 후회를 하는 것이 지금 자신에게 얼마나 도움이 되는지를 생각해보자.

'만약 그랬더라면'이라는 가정을 되새김질함으로써 달라지는 것이 있는가? 나에게 어떤 이득이 되는가? 과거를 자꾸 돌이켜 생각한다고 해서 다시 과거로 돌아가 잘못을 고칠 수 있는가? 내가 그때 '했어야 하는 것' 또는 '하지 말았어야 하는 것'에 대한 반복적인 생각이 나를 기분 좋게 해주는가, 아니면 나를 힘들게 하는가? 내가 과거에 대한 생각을 그만둘 경우 나에게 일어날 가장 최악의 일은 무엇인가?

과거의 잘못이나 실수를 만회하는 가장 좋은 방법은 그 경험을 거울삼아 앞으로는 똑같은 잘못을 하지 않도록 노력하는 것이다. 그리고 과거보다 '조금 더 발전한' 모습으로 살아가는 것이다. 그러기 위해서는 새로운 무언가를 계획하고 실천에 옮겨야 한다.

아무것도 하지 않고 가만히 있으면 자신도 모르게 무의식적으로 자꾸 과거를 돌이켜 생각하게 된다. 그리고 과거의 기억을 반복해 되새김질하는 것은 당시 상황에 대한 해결 방법이 단 한 가지뿐이라고 말하는 것이나 다름없다.

즉, 내가 지금 행복하려면 과거의 연인과 헤어지지 않고 계속 사귀었어야 하고, 내가 돈을 잘 벌기 위한 방법은 과거의 직장에서 계속 일을 했어야 하는 것이다. 그러나 과거는 이미 지나갔고 과거에 최선인 것처럼 보였던 해결책 역시 이미 지나가 버렸다. 그렇다면 이제는 새로운 해결 방법을 찾아 앞으로 나아가야 한다.

2014년 동계올림픽 때 김연아 선수의 경기 결과가 나온 후 일각에서는 "김연아가 3회전 연속 점프를 한 번만 더 뛰었어도 금메달을 딸 수 있었다"는 주장이 나오기도 했다. 점프 수가 모자랐기 때문에 러시아의 아델리나 소트니코바 선수에게 기술 점수에서 뒤졌다는 것이었다. 이에 대해 기자들이 김연아 선수에게 어떻게 생각하는지 묻자 그녀의 대답은 단호했다.

"결과가 나오고 제각각의 의견들이 나왔어요. 그런데 제가 과거로 돌아가 점프를 하나 더 뛸 수 있는 것도 아니잖아요. 이미 지나간 일이에요. 할 수 있는 게 없잖아요. 이제는 신경 안 쓰고 있어요."

그렇다. 이미 지나간 일에 대해 우리가 할 수 있는 것이라고는 아무엇도 없다. 자꾸 곱씹어 생각한들 다시 과거로 돌아갈 수 있는 것도 아니다.

과거는 과거로 남겨두고 자신이 할 수 있는 일을 찾아 한 발자국 앞으로 나아가야 한다. 그래서 과거보다 '조금 더 나은' 현재를 만들고, 현재보다 '조금 더 발전된' 미래를 맞이해야 한다. 물론 결코 쉬운 일이 아니다. 하지만 힘들더라도 반복적인 연습을 통해 이제 과거로부터 빠져나와 그래도 더 나은 현재와 미래를 위해 잘 살아가야 하지 않을까?

"'~ 했어야 했는데' 라는 생각이
머릿속에서 멈추지 않는다면
잘못된 선택 혹은 실수를 한 것에 대해
자책을 하고 있다는 뜻이야.
그러니 이젠 네가 네 자신을 용서해줘.
이미 지나간 일이고 나는 실수를 했지만
다시는 똑같은 실수를 반복하지 않을 거라고.
그리고 그 경험으로 인해
나는 더 성장했다고."

뒤돌아보며 울고 있는 나를 위해

흑과 백 사이에 수많은 회색이 있다

CHAPTER 35

매년 새해를 맞이할 때면 많은 사람들이 새해 계획을 세운다. 다이어트하기, 운동하기, 목돈 모으기, 금연.금주하기, 독서하기, 영어 공부하기 등 저마다 야심찬 포부로 계획을 세워보지만 끝까지 지키지 못하고 중간에 포기해버리는 사람들이 많다. '작심삼일'이라는 말이 있는 걸 보면 한번 결심한 것을 끝까지 이루어내는 게 쉽지는 않은 일임이 분명하다.

심리학에서 자주 쓰는 말 가운데 '투쟁 또는 도주(fight or flight)'라는 말이 있다. 미국 생리학자인 월터 캐넌이 처음 주창한 이 이론은 인간이 위급한 상황에 처했을 때 보이는 급성 스트레스 반응에 대한 것이다. 아주 오랜 세월 동안 인간은 위협적인 상황에 처했을 때 이에 맞서 투쟁해 싸우든지, 아니면 그 상황에서 벗어나기 위해 도주하든지 둘 중 하나를 선택해 결정을 내려야 했다. 그래서 위험을 감지하는 순간, 우리 몸은 생존을 위해 교감신경계가 활성화하면서 심장박동이 증가하고 혈압이 상승하고 호흡이 빨라지는 등즉각적인 위협에 더 민첩하게 대처할 수 있는 준비에 들어가게 된다. 위험한 상황에서 투쟁이나 도주를 하기 위해 필요한 에너지원으로 쓸 수 있도록 호르몬이 급격히 분비되는 것이다.

인간의 생존을 위해 본능적으로 각인된 이런 양자택일의 패턴은우리 사고방식에도 영향을 주어 흑백사고의 근간을 이룬다. 1초가급박한 상황에서 '이것도 괜찮을 것 같고 저것도 괜찮을 것 같고'하며 시간을 지체할 여유가 없기 때문에 '이것 아니면 저것'으로단 한 가지만을 선택하는 것이다.

이런 패턴은 물리적으로 위험한 상황에서나 적합한 반응이지만,오늘날 많은 사람들이 이를 심리적 위협에도 똑같이 적용하고 있다. 스스로 목표를 세우고 노력하다가도 한두 번 계획이 어긋나고승산이 없어 보이면 이기지 못할 것 같은 상대, 즉 어려운 목표와의싸움을 포기하고 재빨리 도망치려는 마음을 먹는 것이다.

그러나 이런 사고 패턴이 계속되면 우울감을 비롯해 불안, 공포,분노, 열등감 등 여러 감정이 나타나게 된다. 한 예로 우울증을 앓는 사람들을 보면 처음부터 자신이 가진 현실적인 능력이나 상황에서는 이루기 힘든 비현실적인 목표를 세우는 경우가 많다. 이렇게 자신의 체급과는 현저히 차이가 나는, 아주 강하고 센 상대와의싸움은 결국 처음부터 이기기 힘든 싸움이다. 그렇다면 도중에 계획을 변경해 다시 목표를 좀 더 현실적으로 세워야 할 텐데, 그 싸움에서 이기지 못하는 자신을 탓하며 자포자기하고 도망쳐 숨어버리는 사람들이 많다.

양가감정을 느끼는 사람일수록

30대 초반 여성인 J씨는 우울 증세로 다이어트와 폭식을 반복했다. 그녀는 실현 불가능한 다이어트 계획을 세우고 운동은 전혀 하지 않은 채 주로 굶거나 극소량의 음식을 먹으면서 급격하게 체중 감량을 하려고 했다.

그리고 자신이 세웠던 비현실적인 계획이 조금이라도 틀어지면 극심한 자책을 하며 "난 아무 쓸모 없는 인간이야" "완전 망했어"와 같은 말을 하며 괴로워하다 폭식으로 스트레스를 해소하곤 했다.

이와 같은 흑백사고를 지닌 사람들은 자신의 관점에서 하나도 빠짐없이 모든 것이 계획한 대로 진행되지 않거나 백 퍼센트 완벽하지 않으면 '망친 것'이나 '끝난 것'으로 여긴다. 이들은 약간의 단점이나 실수가 있어도 충분히 좋은 결과로 이어질 수 있다는 것, 즉 모든 일에는 흑과 백만 존재하는 게 아니라 중간 지점인 여러 버전의 회색이 존재할 수 있다는 것을 보지 못한다. 이런 사고 패턴을 오랜 기간 반복적으로 하게 되면 만성적 우울에 빠질 수밖에 없다.

우리 삶에는 '아주 완벽하게 좋은 상황'이나 '모든 것이 완전히 엉망진창인 상황'만 있는 것이 아니다. 조금 실수를 했어도 일이 어느 정도 잘되고 있을 때도 있고, 좋은 점과 그렇지 않은 점이 함께 어우러질 때도 있을 수 있으며, 특별히 좋거나 나쁜 것은 아니지만 충분히 만족스러울 때도 있다. 그러나 '성공'과 '실패'와 같이 한 쪽으로만 치우친 생각을 하게 되면 '아주 행복하거나' 혹은 '아주 불행하거나' 이 두 가지 기분에만 집중하게 된다. 이처럼 극과 극의 감정 기복을 연속해서 경험할수록 인간은 더욱 우울감을 느끼게 된다.

아주 좋거나 아주 나쁜 양가감정을 반복적으로 경험하는 사람일 수록 우울증에 걸릴 확률이 높다는 연구 결과 또한 이미 발표되고 있다.

자신이 양가감정을 주로 느끼는지, 흑백사고를 많이 하는지 알기 위해서는 평소에 쓰는 단어를 점검해볼 필요가 있다. 만약 '망했어' '망쳤어' '완벽해' '최고야'와 같이 모든 것을 극과 극으로 나누는 단어를 많이 쓴다면 흑백사고를 하고 있을 가능성이 크다. 물론 너무 흥분했을 때나 크게 실망했을 때 우리는 누구나 이런 말을 할 때가 있다. 그러나 "완전히 망했어"라거나 "걘 완벽해"와 같이 극과 극을 표현하는 생각이나 말을 자주 반복하면 극도로 좋은 상황에서는 지나친 행복감을, 극도로 나쁜 상황에서는 지나친 불행감을 느끼며 양가감정을 오가게 되고, 심한 감정기복은 결국 불안정한 우울감으로 나타난다.

흑백사고에서 벗어나기 위해서는 모든 상황에서 흑과 백이 아닌 중간색인 회색의 시선으로 세상을 바라보는 것이 도움이 된다. 즉,

중도의 지혜를 습득하는 것이다.

인간은 아무도 완벽하지 않아 때로는 실수를 하는 것이 정상이고 우리 삶도 항상 무지갯빛으로 화려할 수만은 없다. 해가 내리쬐어야 반드시 좋은 것도 아니고, 바람이 불고 비가 내린다고 해서 꼭 나쁜 것만도 아니다. 뜨거운 햇볕은 없지만 산들바람이 기분 좋게 느껴지는 날이 있는가 하면, 조금 어두운 날이라도 가랑비가 운치 있거나 장대비가 시원하게 느껴지는 날이 있다. 때로는 실수를 하거나 넘어지기도 하고, 힘이 부칠 때는 잠시 웅크려 앉아 쉬어가기도 한다. 그렇게 제각각 모양이 다른 하루하루가 켜켜이 쌓이면서 우리 삶은 계속 이어진다.

우울함이 느껴질 때는 내가 세상을 바라보는 관점이 부정적이거나 극단적이기 때문일 가능성이 크다. 마찬가지로 작심삼일을 넘기지 못하는 이유 또한 '약간의 실패'를 경험했을 때 이를 돌이킬 수 없는 '큰 실패'로 해석하기 때문이다. 예를 들어 새해 계획으로 매일 운동을 하자는 계획을 세워놓고 처음 며칠 동안은 계획한 대로 실행에 옮겼지만 시간이 지나면서 무리한 계획에 부담감을 느껴 하루 이틀 건너뛰기 시작하면 '아, 난 역시 안 되는구나' '또 실패했어' 하며 아예 포기해버리는 것이다.

나의 '적정 체급'을 파악하는 일

이와 같은 비현실적인 계획과 실

패의 반복을 경험하지 않으려면 우선 자신의 '적정 체급'을 파악하는 것이 중요하다. 즉, 내가 처한 현실을 파악하고 인정하는 것이다. 그러고 난 뒤 내가 맞서 싸워 이길 가능성이 있는 현실적인 상대와 목표를 세운다. 어떤 계획과 목표이든지 처음부터 한 번에 완벽하게 이루어내는 것은 불가능한 일이다. 투쟁하는 과정에서 잘 안 될 때도 있고, 약간의 실패를 경험하면 다 포기하고 도망가고 싶은 마음도 들 것이다.

그러나 이는 모든 인간이 갖고 있는 '투쟁 또는 도주'의 생존 본능이 나오려는 것일 뿐, 그 순간 도주하지 않는다고 해서 자신의 목숨이 위태로워지는 것은 아니다.

포기하고 싶고 도망가고 싶은 마음이 들 때면 나 자신을 다독이고 잘 달래어 다시 상대와 맞서도록 일으켜 세워보자. '괜찮아. 결과가 두려워서 그만두고 싶은 마음이 드는 거야. 그냥 조금 어렵고 힘든 거지, 완전히 망한 건 아니야. 조금만 더 용기를 내 다시 해보자.'

내가 나 자신에게 스스로 어떤 말을 하느냐에 따라 내가 느끼는 감정과 내가 하게 되는 선택이 달라진다. "나 완전 망했어. 더 이상 못해"라고 말해 패배감과 우울감에 빠져 모두 포기할 것인가, 아니면 "괜찮아. 조금 어려운 건 당연해. 좀 더 노력하면 할 수 있을 거야"라고 말하며 희망을 갖고 도전해 앞으로 나아갈 것인가.

물론 이 세상에는 우리가 땀 흘리고 노력하면 얻어지는 것들도 있지만, 때로는 아무리 노력하고 최선을 다해도 이루지 못하는 것들도 있다. 그렇다고 해서 조금 해보고 안 될 것 같을 때마다 두 손 들고 항복만 한다면 투쟁 없는 도주만 반복될 뿐이다.

어떤 것이 나에게 결실이 되어 돌아올지는 알 수 없다. 다행히 노력한 뒤에 원하는 결과가 돌아온다면 내 삶에서 한 발자국 더 앞으로 발전하게 되는 것이고, 투쟁해 힘껏 싸웠지만 설령 원하는 결과가 돌아오지 않는다고 하더라도 그 경험 자체로 나는 또 다른 인생의 교훈을 배우고 한층 더 성숙해지면 된다.

작심삼일을 수없이 반복하더라도 도망가지 않고 상대와 맞서 싸워 결국 언젠가 한 번은 기분 좋게 이겨보는 경험을 하는 것이 중요하다. 처음부터 어려운 상대를 고르는 것보다는 자신이 감당해낼 수 있는 목표부터 차근차근 시작해 자꾸 이기는 경험을 해보고, 그다음에는 지난번 상대보다 체급이 조금 더 높은 상대를 골라 자꾸 부딪혀보자.

영화 〈포레스트 검프〉에 나오는 유명한 대사, "인생은 초콜릿 상자와 같은 거야. 다음 초콜릿에 뭐가 들어 있을지는 아무도 몰라"처럼 자신의 미래에 앞으로 어떤 일이 일어날지는 아무도 알 수 없다. 첫맛이 조금 씁쓸하다고 해서 입안에서 바로 내뱉으며 도망가지 말고 끝까지 먹어보면 의외로 끝 맛은 무척 달콤할 수도 있다.

예를 들어 오늘 하루 큰맘 먹고 집안 대청소를 샅샅이 하겠다는 목표를 세웠다고 가정해보자. 내가 이길 가능성이 있는 적정 체급의 상대인가? 실현 가능성이 충분히 있는가? 만약 여러 사항을 고려해봤을 때, 즉 내가 오늘 하루 쓸 수 있는 시간, 현재 갖고 있는 에너지, 청소를 끝내고 싶은 의욕, 나의 컨디션, 청소 외에도 해야 하는 다른 중요한 일 등을 모두 생각해봤을 때 조금 무리가 있는 목표라고 판단되면 우선 좀 더 실현 가능한 여러 개의 작은 목표로 나눠보자.

오늘 하루 동안 이 집을 완벽하게 깨끗이 청소해야 한다는 욕심만 앞서 과도한 목표를 세워서는 안 된다. 오늘은 우선 옷장 정리만 마치는 것을 목표로 하고, 내일은 책상 정리를, 또 며칠 뒤에는 부엌 정리를 하는 등 실현할 수 있는 현실적 목표를 세워야 하는 것이다.

이때 '제로와 비교하기' 테크닉을 사용해보자. 대부분의 사람은 자기가 하고 있는 일에 대해 스스로 평가를 내릴 때 완벽한 최고의 상태(10)에 평가 잣대를 두고 자신의 현재 결과와 비교하는 경향이 있다.

지금 최고의 업적을 이룬 사람들하고만 나 자신을 비교하고 있지는 않은가? 내가 이제껏 가장 좋은 결과를 이루었던 순간만을 기억하고 있지는 않은가?

백 퍼센트 완벽한 성취를 이루겠다는 기대는 아예 머릿속에서 지워버리자. 처음부터 무리해서 백 퍼센트를 달성하겠다는 목표를 세우면 도중에 좌절하기 쉽다. 그 대신 지금까지 내가 노력한 것을 아무것도 이루지 않은 '제로 상태'와 비교해보자.

예를 들어 현재 내가 이룬 정도가 4라고 가정했을 때 이를 '10에 한참 모자라는 겨우 4인 정도'라고 보기보다는 '0에서 시작했는데 4까지 도달한 정도'로 관점을 바꾸는 연습이다. 똑같은 결과지만 어디에 척도를 두느냐에 따라 완전히 반대의 평가를 내릴 수 있다.

목표했던 일이 마음대로 잘 되지 않는다고 해서 무조건 '망했어'라고 생각하는 것은 결국 그동안 노력하고 성취를 이룬 것조차 아무것도 아닌 제로의 상태로 축소시키는 것이나 마찬가지다. 따라서 이때 최고의 상태가 아닌 그 반대의 제로 상태에 비교해본다면 결과가 어떻든 상관없이 모두 긍정적인 결과로 받아들일 수 있다.

만약 집 청소를 완벽하게 다 끝내는 것이 10, 전혀 청소를 하지 않은 상태가 0이라고 가정해보자. 옷장 정리만 끝내고 그 밖의 다른 것들은 아직 청소하지 못했을 때 이를 아예 '실패'로 여기고 좌절한다면 더 이상 아무런 의욕이 생기지 않을 것이다.

그러나 청소를 전혀 하지 않은 0점의 상태와 비교해보면 옷장 정리는 대략 그보다 더 높은 3점 정도로 볼 수 있다. 10점의 성취는 아니지만 처음보다 한층 발전하고 더 나아졌다는 것은 그것만으로도 충분히 자랑스러워할 만한 일이다. 아직 10점까지 도달하지는 못했지만 그래도 괜찮다. 목표를 수행하기 위한 내 노력은 아직 진행 중이기 때문이다.

이렇게 조금씩 노력하며 작은 목표를 하나씩 이루어가고 그 과정에서 "난 망했어"와 같은 말로 포기하며 도망가는 게 아니라 "지난번보다 더 발전했어. 아주 잘하고 있어"라며 스스로에게 응원을 보낸다면 처음에는 어려운 상대처럼 보이는 목표일 지라도 언젠가는 기분 좋게 이겨보는 경험을 할 수 있다.

"목표지점이 저 멀리 있어
온 힘을 다해 전력질주를 해야만
도달할 수 있을 것 같은데 정작 발을
뗄 수조차 없이 두려운 마음이 들 때가 있어.
그럴 때는 '딱 한 걸음만' 앞을 보고
나아가보자고 마음을 바꿔봐.
그렇게 한 번에 한 걸음씩 뛰지 말고
천천히 걷다보면 목표지점이
눈 앞에 가까이 와 있을 때가
반드시 올 거야."

뒤돌아보며 울고 있는 나를 위해

내가 나에게 건네는 따뜻한 한마디

몸과 마음이 지친 하루, 우리는 누군가의 따뜻한 위로 한마디, 혹은 우연히 읽게 된 시 한 구절이나 용기를 주는 글귀 등을 접할 때 잠시 마음의 위안을 받는다. 좋은 말과 글을 읽고난 뒤 자기 인생에 적지 않은 영향을 받았다고 이야기하는 사람들도 많다.

상담가인 나에게 온 대부분의 사람들 역시 자신들의 이야기를 털어놓고 위로받기를 원했다. 누군가에게 나를 힘들게 하는 문제나 고민거리들을 털어놓고, "그래, 정말 힘들겠구나!" "사는 게 원래 다 그렇게 힘든 거야!"라며 위로의 말 한마디를 들으면 그래도 스트레스가 풀리면서 다시 힘이 나지 않는가.

사실 우리는 상대방이 해결책을 가지고 있다고 생각하지 않는다. 그저 그 순간 마음의 위로를 받고 싶을 뿐. 때로 위로의 말 한마디만 들어도 마음이 한결 안정되고 편안해질 수 있으니 말이다.

하지만 이는 냉정하게 말하면 임시 처방일 뿐이다. 근본 문제에 대한 해결책은 아니기 때문이다. 그리고 우리가 흔히 듣는 "정말 힘들겠구나"라는 말 속에는 지금 힘든 건 상황 탓이지 당사자의 잘못이 아니라는 의미가 깔려 있다. 지금 현재 겪고 있는 문제의 원인을 자신보다는 환경이나 제3자 같은 외부적 요인 탓으로 돌리는 게 훨씬 편하기 때문이다. 즉, 누군가 혹은 무언가에 간접적으로 책임을 전가하는 셈이다.

문제의 원인을 내 탓으로 돌리면 지금 이 상황을 어떻게 헤쳐나가야 할지 몰라 혼란스럽고, 스스로 많은 시간과 노력을 들여 문제를 해결해야 하기 때문에 부담스러워 감당하기 힘들어질 수도 있다. 그러니 스스로가 아닌 외부의 다른 요소로 그 원인을 돌려 마음의 짐을 덜고 싶은 생각이 드는 것이다,

위로의 힘은 세지만 오래 가지 못한다

그렇기 때문에 타인에게 받는 이런 위로의 힘은 당연히 오래 가지 못한다. 그 순간 잠깐 위안이 되는 듯해도 조금만 시간이 지나면 문제는 다시 제자리로 돌아와버린다. 현실적으로 생각해봐도 내가 힘들 때마다 매일 친구나 가족을 찾아가 위로를 받을 수도 없지 않은가. 위로를 받는다 하더라도 그때뿐, 그 위로의 말에는 해답이 들어 있지 않다. 당연히 궁극적으로 자신이 처한 상황이나 문제는 변하지 않는다.

결국 현실과 맞닥뜨려 하루하루를 살아가야 하는 것은 나 자신이며, 어떻게 하면 이 시기를 잘 이겨내 어려움을 극복할 수 있을지 해결책을 찾아야 하는 것도 오로지 나의 몫이 된다.

이렇듯 다른 사람에게 받는 위로는 일시적인 것일 뿐이다. 그래서 남들이 해주는 위로의 말은 이 힘든 세상을 하루하루 견뎌내기

에는 역부족인 공허한 울림일 수밖에 없다. 결국 내 인생을 살아가는 건 나 자신이고, 그 누구도 대신 내 인생을 책임져주지도, 살아주지도 않기 때문이다. 누군가 나에게 해주는 위로의 말은 이처럼 메아리가 되어 사라지고 만다.

정작 중요한 것은 누군가가 해주는 위로의 한마디가 아닌, 나 스스로에게 직접 건네는 긍정적인 말이다. 만약 내가 매일 스스로 나를 질책하는 말을 한다면 내 인생은 어떻게 되겠는가. 다른 사람으로부터 듣는 위로의 말보다는, 내가 나 스스로에게 하는 말, 즉 내가 어떤 생각을 하는지 매일매일 돌아보고 살펴야 한다.

타고난 환경은 바꿀 수 없다. 그러나 내가 나 스스로를 변화시킬 수는 있다. 우리 인생은 스스로 살아가면서 어떤 노력을 하고 어떤 생각과 마음가짐으로 어떤 행동을 하고 어떤 결정을 내리느냐에 따라 달라질 수 있다. 우리가 지금 이 상황에서 바꿀 수 있는 것은 오직 나 자신의 생각과 행동뿐이다. 만약 타인이 해주는 위로의 말에만 계속 의존해 산다면 우리 삶에서 달라지는 것은 아무것도 없을 것이다. 이것은 마치 내 생각과 감정을 다른 사람들이 변화시켜주길 바라는 셈이다.

바꿀 수 없는 환경과 상황 탓만 하며 수동적이고 무기력하게 세월을 허비할 것인가. 아니면 내가 바꿀 수 없는 것은 겸허하게 수용하고 받아들이지만 자신을 좀 더 발전시키기 위해 스스로 생각을 변화하여 능동적으로 행동하는 삶의 주인공이 될 것인가.

이제 이 결정은 당신의 손에 달려 있다.

남이 해주는 위로의 말을 기대하지도, 기다리지도 말자. 대신 나를 위한 따뜻한 한마디를 스스로에게 건네보자.

"오늘 하루도 수고했어"라고.

그들이 쏜 화살을 내 심장에 꽂은 건 누구일까?

초판 1쇄 발행 | 2017년 4월 1일

지은이 | 상진아
펴낸곳 | 주식회사 시그니처
출판등록 | 제2016-000180호
주소 | 서울시 마포구 큰우물로 75 1308호(도화동, 성지빌딩)
전화 | (02)701-1700
팩스 | (02)701-9080
전자우편 | signature2016@naver.com

ISBN 979-11-958839-3-6(03320)

ⓒ상진아, 2017

값 15,000원